Louise Blanchard.

Ces enfants qui remettent tout à demain

www.quebecloisirs.com

UNE ÉDITION DU CLUB QUÉBEC LOISIRS INC.
© Avec l'autorisation des Éditions de l'Homme
© Rita Emmett
© 2003, Les Éditions de l'Homme, une division du groupe Sogides,
    pour la traduction française
Dépôt légal — Bibliothèque nationale du Québec, 2003
ISBN 2-89430-620-2
(publié précédemment sous ISBN 2-7619-1817-7)

Imprimé au Canada

Rita Emmett

Ces enfants qui remettent tout à demain

Traduit de l'américain par Marie-Annick Thabaud

Ce livre est dédié à ceux qui détiennent l'avenir de l'humanité entre leurs mains : les enfants, petits et grands, dont Ken, Mike, Kortenay, Meghan, Connor, Cassidy, Noah, Kailey Jean et Brynn.

Il est aussi dédié à ceux qui aiment les enfants : les parents et les personnes qui ont un jour aidé un enfant, y compris celles qui n'ont pas eu d'enfants et n'en ont jamais élevé, mais qui s'occupent de ceux des autres et leur tendent la main à l'occasion. Ce sont les parents et ces personnes qui rendent le monde meilleur.

Remerciements

Bien des personnes ont cheminé à mes côtés au cours de la rédaction de cet ouvrage. Par expérience, je savais que pareil voyage serait long et pénible si je l'effectuais seule ; je leur suis donc extrêmement reconnaissante de m'avoir soutenue et encouragée durant le parcours. Elles sont trop nombreuses pour que je cite leurs noms, mais je souris en songeant à elles. Et je ris en me remémorant combien certaines d'entre elles étaient de fieffées partisanes.

Je désire remercier mes collègues, mes amis et ma famille de m'avoir appuyée. Je voudrais aussi dire merci à toutes celles et à tous ceux qui m'ont fait part de leur vécu en matière de procrastination. Tristes, drôles, édifiants ou poignants, leurs récits ont enrichi ce livre et l'ont rendu plus pertinent. Si des lecteurs se disent : « Hé ! mais c'est exactement ce qui se passe dans notre foyer », ce sera grâce à leur perspicacité.

Je remercie en particulier les sept lecteurs extraordinaires qui ont travaillé avec acharnement et patience sur le brouillon de cet ouvrage : Nora Bennett, Kym Karder, Debra Kimbrough, Jo-Anne Knight, Pete Walkey, Maureen Edgar et Curt Hansen, ainsi que Sandra Baumgardner, du service de la Santé de DuPage County (Illinois), qui m'a guidée dans les moments où je ne savais plus quelle direction prendre.

Les membres de ma famille se sont toujours montrés patients dans les moments où je semblais avoir totalement disparu de la circulation et où je m'enfermais dans le bureau. Au lieu de ronchonner, ils s'intéressaient à mon livre, me donnaient des idées, m'encourageaient. Si je vis une existence heureuse, c'est grâce à eux, et en particulier grâce au vent dans mes ailes : mon mari, Bruce. Les personnes qui le connaissent me demandent régulièrement : «N'a-t-il toujours pas lu l'un de tes ouvrages ? ». Non, il n'en a toujours pas lu un seul, mais c'est un homme formidable, qui est mon *anam cara,* mon âme sœur. Ma vie à ses côtés est pur délice, et toujours pleine de surprises.

Chacun de vous est un don du ciel grâce auquel ma vie est merveilleuse et joyeuse. Pourquoi ai-je une telle chance ? Merci à vous tous. Que Dieu vous bénisse.

Introduction

Quand on demande à un enfant qui remet tout au lendemain : «Pourquoi ne fais-tu jamais les choses au moment où tu es censé les faire?», la réponse est invariablement : «Je ne sais pas.» Les enfants, y compris les adolescents, n'ont pas le vocabulaire, ni la sagacité ni les connaissances voulus pour trouver et nous expliquer les raisons d'une telle tendance, nommée *procrastination*.

En tant que conférencière animant des séminaires sur des sujets comme l'amélioration des aptitudes parentales et les stratégies pour vaincre la procrastination, j'ai récemment effectué une étude sur les adultes qui, dans l'enfance, étaient des procrastinateurs. Toujours et encore, la même réponse revenait : «Les raisons pour lesquelles je remettais tout à plus tard étaient probablement multiples, mais, à mon avis, c'était surtout parce que personne ne m'avait appris à agir autrement.»

Tout jeune, Robert était le roi de la procrastination. Lorsqu'il revenait à la maison avec de mauvaises notes, ses parents s'efforçaient de le «motiver» en criant après lui et en lui expliquant qu'il était intelligent et capable d'avoir d'excellentes notes. Cela dit, ils l'expédiaient dans sa chambre faire ses devoirs. Robert se souvient combien il se sentait constamment débordé par tous les travaux scolaires à effectuer. Il ne savait ni par où commencer, ni diviser le travail à accomplir, ni effectuer une chose à la fois.

Catherine s'est trouvée dans une situation similaire. Quand son père, militaire de carrière, s'apercevait que la chambre de sa fille était un véritable capharnaüm, il la houspillait durement et lui interdisait de sortir tant qu'elle n'avait pas rangé ses affaires. Désemparée, en proie à un sentiment d'impuissance mêlé de désarroi, Catherine se tenait immobile au milieu de la pièce. Puis, elle ramassait une chaussette sale, un corsage à mettre sur un cintre, une boule de papier chiffonné, son gant de base-ball... et restait plantée avec toutes ces affaires dans les bras. Ne sachant que faire ensuite, elle fondait en larmes.

Les parents ne sont pas les seules personnes en mesure d'aider un enfant à cesser de tout reporter à plus tard. Les enseignants passent un temps fou et dépensent une énergie colossale à tenter de discipliner les jeunes procrastinateurs. Il en est pareillement des grands-parents, oncles et tantes, amis, voisins, bref, de toutes les personnes qui participent à l'éducation de ces enfants ou les gardent, et ont bien souvent l'impression désespérante que leurs efforts sont vains.

Néanmoins, certains adultes ne se rendent pas compte que la procrastination coûte très cher aux enfants, sur les plans de l'estime de soi et de la confiance en soi. En effet, les jeunes procrastinateurs se considèrent comme des perdants et se sentent incapables de mener une tâche à bien. Souvent punis par leurs parents ou leurs professeurs (quand ce n'est pas par les uns et les autres), ils sont parfois l'objet de taquineries ou de railleries. Résultat : ils sont opprimés ou déprimés en raison de leur forte tendance à tout remettre au lendemain. Et c'est sans aucun doute cette tendance qui les empêche d'atteindre des objectifs à court et à long terme.

Quelle est la limite entre la procrastination et un simple comportement infantile ? Il est normal de devoir rappeler de temps à autre à un enfant qu'il doit se préparer, nourrir le chien, ranger sa chambre ou faire ses devoirs. Aussi frustrants que puissent être ces rappels, quand ils sont seulement occasionnels et que l'enfant s'exécute aussitôt après, la procrastination n'est pas un gros problème. Mais lorsqu'il faut fréquemment rappeler l'enfant à l'ordre et que, malgré tout, il ne fait pas ce qu'il est censé faire ou ne le fait qu'après maintes discussions, bien des pleurs et des grincements de dents ou autres manifestations émotionnelles, il doit être considéré comme un procrastinateur.

Quand il s'agit d'aider un enfant à mettre un terme à la procrastination, l'âge importe peu. En effet, quel que soit l'âge, les problèmes et les solutions se révèlent incroyablement similaires ; seules la gravité du problème et la sévérité des mesures varient selon l'enfant et l'âge. Le bambin de cinq ans qui tarde à se préparer avant de partir à l'école et l'adolescent qui ne réussit pas à se mettre à ses devoirs se débattent tous deux avec les mêmes difficultés (manque de motivation, sentiment d'être dépassé, incapacité de savoir par où commencer et, parfois, quête du plaisir éprouvé à pousser un adulte à sortir de ses gonds) et tireront tous deux profit de remèdes assez semblables.

L'aide que peut apporter ce livre

Ce livre n'est pas structuré en fonction de problèmes spécifiques (faire ses devoirs, accomplir certains travaux ménagers, se préparer à quelque chose, s'occuper des animaux domestiques), parce que, chez les enfants comme chez les adultes, la procrastination dépend habituellement de plusieurs causes et nécessite généralement le recours à diverses solutions.

Prenons pour exemple l'adolescent qui remet toujours au lendemain l'envoi de sa demande d'inscription à l'établissement scolaire de son choix. Il peut se comporter ainsi par habitude (Chapitre 1). Ou bien parce qu'il n'a pas appris à se motiver (Chapitre 2), qu'il se sent submergé par le nombre de papiers à remplir (Chapitre 3), qu'il déteste ce genre de tâche (Chapitre 4) ou qu'il a l'impression de ne pas avoir le temps de s'occuper de cela (Chapitre 5). Il attend peut-être d'avoir une journée de libre pour pouvoir remplir ce formulaire à la perfection (Chapitre 6), à moins qu'il ne soit bloqué par ses craintes et son angoisse en rapport avec son entrée dans cet établissement (Chapitre 7). Il pourrait aussi ne plus savoir où se trouvent les papiers en question parce qu'ils sont disséminés, sur son bureau, dans sa chambre et dans son vestiaire (Chapitre 8), ou encore être si occupé par d'autres activités qu'il ne peut se concentrer sur cette tâche (Chapitre 9).

Ce livre touche divers aspects de la vie des enfants et des adolescents et explore les raisons pour lesquelles certains d'entre eux remettent tout au lendemain. Pour un large éventail de problèmes en rapport avec la procrastination, il propose des solutions particulières. Ces solutions, dont vous pourrez informer votre enfant, sont regroupées dans des encadrés. Ainsi, vous pourrez au besoin les recopier et les afficher à un endroit où le jeune procrastinateur ne manquera pas de les voir. Certaines de ces idées donneront peut-être lieu à des conversations qui resserreront les liens existant entre vous et l'enfant.

Les enfants ont horreur qu'on leur impose des idées

Que votre enfance remonte à une ou plusieurs dizaines d'années, vous vous souvenez sans aucun doute que plus on tentait de vous faire rentrer une idée dans la tête, plus vous la rejetiez avec vigueur. À vrai dire, on ne peut tout simplement pas courir après un enfant en criant: «Tu ne te comportes pas comme il faut, alors je vais te remettre dans le droit chemin. Assieds-toi et écoute-moi!»

Imposer quoi que ce soit à un petit ou à un jeune aboutit la plupart du temps aux querelles, au ressentiment et à la rébellion. Au lieu d'agir de façon dictatoriale, mieux vaut donc avoir recours à des techniques permettant d'entrer en communication de manière positive et affectueuse. Le but, c'est de se montrer ferme et gentil, sans être ni trop contrôlant ni trop permissif. La gentillesse témoigne du respect envers l'enfant, et la fermeté, du respect envers la tâche à accomplir.

La synchronisation est elle aussi importante. Lorsque l'enfant se révèle réticent à travailler sur sa tendance à tout reporter, il est souvent plus ouvert au changement dans les moments où :
- il est découragé de ne pas arriver à faire ce qu'il doit faire ;
- il vient de subir la triste conséquence du report d'un travail et s'aperçoit que s'il s'y prenait en général plus tôt, son existence serait plus facile ou plus heureuse ;
- il est dépassé par tout ce qu'il a à faire et reconnaît qu'il a besoin d'aide.

Ces moments-là sont les plus propices pour discuter avec l'enfant des remèdes à la procrastination. Mais l'important, c'est de discuter avec lui. Car si on lui impose d'agir selon certains principes ou techniques, non seulement on risque de le conduire à s'opposer, voire à se révolter, mais on ne peut l'aider à acquérir les facultés voulues pour accomplir son travail en temps et en heure, s'organiser et planifier.

Aucune méthode ne donne des résultats avec tous les enfants

Aucune théorie ou méthode ne peut donner à elle seule d'excellents résultats avec tous les jeunes procrastinateurs. Si vous avez quelque expérience des enfants, vous savez qu'un jouet ou un livre peut en captiver certains durant des heures et en assommer d'autres au bout de deux minutes. Vous savez également que quand on soumet une idée à des enfants, certains écoutent de toutes leurs oreilles, tandis que d'autres lèvent les yeux au ciel en poussant un long soupir.

À chacun de mes séminaires sur l'amélioration des aptitudes parentales, la question de l'attitude à adopter face à un petit ou un adolescent qui remet toujours tout au lendemain est soulevée. Les participants ayant souvent lu plusieurs ouvrages sur les aptitudes parentales, j'en profite pour essayer de savoir s'ils ne seraient pas tombés par hasard sur des livres consacrés exclusivement à l'aide à apporter aux jeunes procrastinateurs. Jusqu'à présent, aucun n'en a découvert un seul. À mon avis, cela tient au fait qu'il est très difficile de motiver et de guider des enfants pour les amener à changer leur mode de pensée et leur comportement. Une seule idée lumineuse ne peut convenir à tous. Il n'existe aucune solution miracle, et il est impossible d'affirmer que telle ou telle méthode donne toujours de bons résultats. Par conséquent, bien que je propose dans ce livre quelques techniques, je ne peux garantir qu'elles marcheront à coup sûr.

Néanmoins, un père présent à l'un de mes séminaires m'a rapporté un fait intéressant : pendant qu'il s'efforçait d'aider ses trois filles à combattre leur tendance à tout ajourner, il a noté une hausse considérable de leur estime de soi et de leur confiance en soi. Il s'agit là d'un « plus » encourageant, qui va de pair avec le soutien apporté aux enfants dans la lutte contre la procrastination. Des études ont d'ailleurs démontré qu'une faible estime de soi peut largement contribuer à ce qu'un adolescent prenne une mauvaise direction dans la vie.

Les enfants ne pensent ni n'agissent comme les adultes

Force est de reconnaître que les enfants pensent et agissent très rarement comme nous. Alors que nous aimons travailler dans un profond silence, nos fils et nos filles réussissent à faire leurs devoirs dans le bruit assourdissant d'une musique infernale. Tandis que nous préférons terminer ce que nous avons à faire avant d'aller nous coucher, ils préfèrent se lever tôt pour finir leur travail. Nous pourrions penser qu'il leur faut se mettre à leurs devoirs dès leur retour de l'école, mais nos jeunes pleins d'énergie n'auraient-ils pas plutôt besoin de se dépenser et de dire tout ce qu'ils ont sur le cœur pendant un bon moment avant de s'atteler à la tâche? De surcroît, si certains enfants ont pour habitude de faire leurs devoirs, de ranger leur chambre ou de s'occuper du chien avant le repas du soir, d'autres se sentent plus d'attaque pour accomplir ces tâches après le dîner.

Au cours d'une conversation avec votre enfant, il serait donc profitable que vous lui proposiez une séance de remue-méninges afin de l'aider à définir son «style» et le moment le plus propice à l'accomplissement de ses diverses tâches. De surcroît, en le laissant déterminer lui-même sa façon d'agir et établir son emploi du temps, vous l'amènerez à travailler *avec* vous, au lieu de travailler *contre* vous.

Aussi bizarres que puissent vous paraître ses choix, si votre enfant parvient à faire correctement et totalement son travail au moment et de la manière qu'il a choisis, vous devrez évidemment reconnaître que ses solutions donnent de bons résultats. Mais s'il ne réussit pas à terminer son travail en temps et en heure ou à le faire bien, vous devrez lui faire remarquer qu'il ne s'en est pas tenu à ses décisions; il devra donc travailler selon vos directives.

S'attendre à rencontrer des obstacles

Comme vous vous en doutez, vous ne pourrez conduire votre enfant à adopter certaines mesures sans rencontrer quelques obstacles.

- Votre enfant pourrait se montrer réticent à parler d'une modification de ses habitudes.
- S'il est en pleine adolescence, il pourrait même refuser purement et simplement toute discussion avec vous.
- Quel que soit son âge, vous pourriez avoir du mal à obtenir qu'il se tienne tranquille le temps d'une conversation.
- Sa capacité d'attention pourrait être limitée. Une mouche qui vole suffit peut-être à le distraire.

- Il est dans la nature des enfants de ne pas chercher à s'améliorer et de ne pas s'intéresser à la question.
- Un garçonnet ou une fillette peuvent ne pas comprendre des notions abstraites.
- Ils ne peuvent être ouverts à toutes les idées.
- Si vous manquez de confiance en vous, la simple idée de discuter de la procrastination avec votre fils ou votre fille vous rebute sans doute.

Cependant, vous n'êtes pas un cas isolé. Tous les parents éprouvent ce genre de difficultés. Même ceux qui sont enseignants se sentent mal à l'aise de devoir suggérer à leurs enfants des idées quant à la manière de mettre un terme à la procrastination. En outre, si personne dans votre enfance ne vous a aidé à lutter contre cette tendance, vous ne disposez d'aucun modèle auquel vous référer. Mais ne vous découragez pas. Lorsque vous découvrirez dans ce livre les situations décrites par certains parents, vous vous direz probablement: «C'est ça, mon enfant est tout à fait comme ça», ou: «Voilà! c'est exactement la même chose chez nous.»

Une fois que vous pourrez parler ouvertement de la procrastination avec votre enfant, il vous posera peut-être une question à laquelle vous ne saurez pas répondre. Ne vous en faites pas. Vous n'avez ni à *être* parfait ni à *agir* parfaitement face à lui. Aucune personne au monde n'a réponse à tout.

La grande question

Êtes-vous actuellement – ou étiez-vous naguère – encline ou enclin à remettre tout au lendemain? Si vous répondez oui à cette question, tant mieux. Pourquoi? Parce que si vous êtes ou avez été une procrastinatrice ou un procrastinateur, vous savez bien ce que votre enfant éprouve : il se sent débordé, il est accablé, affolé, désespéré. Et si vous l'êtes aujourd'hui encore, vous pourrez travailler de concert avec votre enfant pour lutter contre *votre* tendance à tout ajourner. Vous pourrez suivre les conseils donnés dans ce livre et en discuter avec lui. Vous pourrez lui parler de vos réussites et des moyens grâce auxquels vous vous êtes amélioré, mais aussi de vos échecs, de vos difficultés et des solutions qui ne vous conviennent pas.

Le mode de communication établi entre vous et votre fille ou votre fils pourrait bien se trouver ainsi totalement modifié. Car les enfants adorent que nous partagions avec eux nos erreurs et nos échecs. En fait, les conversations de cette nature resserrent les liens qui nous unissent à eux.

Dans une étude récente, des chercheurs ont consulté des parents d'enfants procrastinateurs. Voici l'opinion d'Helena : « À mon avis, il faut nous débarrasser nous-mêmes de la mauvaise habitude de tout reporter à plus tard afin que nos enfants puissent prendre exemple sur nous. Quand nous effectuons un travail à temps, parlons-en avec eux ! Montrons-leur notre fierté d'avoir réussi à réaliser tel et tel projet avant la date limite. Expliquons-leur combien il est important de vivre dans le présent, maintenant et non "demain". C'est là un cadeau de grande valeur à offrir à nos enfants. »

Former une équipe

Lorsque vous aurez assimilé des idées contenues dans cet ouvrage et les exposerez à votre enfant, vous devrez éviter d'établir une relation de maître à élève et de faire des sermons. Vous et votre enfant formerez une équipe. À certains moments, vous serez l'entraîneur : vous le guiderez, l'encouragerez et, le cas échéant, l'applaudirez ou le féliciterez. À d'autres moments, vous travaillerez avec lui sur un pied d'égalité : vous examinerez ensemble un problème particulier ou vous raconterez à votre enfant le combat que vous avez livré dans une situation similaire à celle dans laquelle il se trouve. Parfois, il vous arrivera même d'avoir une discussion amusante sur une idée suggérée dans ce livre.

Dans les encadrés intitulés «Conseils à partager avec votre enfant», vous découvrirez des mesures simples et rapides à appliquer. Vous pourrez travailler soit en vous arrêtant sur chaque section au gré de votre lecture, soit en vous focalisant sur un chapitre chaque semaine, chaque mois ou de temps à autre. Après avoir pris connaissance des «conseils» donnés dans un encadré, vous vous direz peut-être : «Parfait. Je sais exactement comment je vais m'y prendre». Mais parfois, ces conseils vous laisseront peut-être perplexe.

Si vous êtes dans l'incertitude quant à la conduite à tenir, vous trouverez à la fin de chaque chapitre une section «Travail en équipe», qui comprend les «Questions à discuter» avec votre fille ou votre fils et quelques «Idées à mettre en application». Vous remarquerez que cette section est un résumé du chapitre. Vous pourrez donc cocher dans cette partie les sujets et les actions sur lesquels vous désirez vous concentrer. Mais vous pourrez aussi inscrire vos propres idées sur une feuille ou dans un carnet.

Quelle différence y a-t-il entre les questions à discuter et les idées à mettre en application ? En ce qui concerne les «Questions à discuter», vous pourriez vouloir faire le point sur les différents sujets traités dans le chapitre, ou simplement discuter d'une question particulière. Par exemple, vous pourriez vouloir parler avec votre enfant d'un feuilleton télévisé que vous avez récemment suivi avec lui et dans lequel un personnage s'était attiré des ennuis ou avait créé des problèmes en ajournant une décision ou une action. Ou encore lui demander ce que signifie pour lui l'expression *remettre tout au lendemain* ou le terme *procrastination*.

Dans la section «Idées à mettre en application», vous pourriez cocher une ou deux suggestions et inscrire ensuite un projet de votre cru, comme:

- «Lui offrir de le conduire plus souvent à ses cours de guitare et au terrain d'entraînement afin que nous ayons un peu plus de temps pour bavarder tous les deux.»
- Si votre enfant a moins de 10 ans: «Faire des colliers de pâtes avec lui et en profiter pour lui raconter l'histoire arrivée à Mélanie.»
- S'il a entre 10 et 13 ans: «Sortir son casse-tête préféré, le faire avec lui et soulever la question du perfectionnisme.»
- S'il est adolescent: «Lui permettre d'inviter Catherine à dîner, les laisser préparer une salade mexicaine et, pendant que nous faisons les courses ensemble, leur expliquer combien je trouve utile le minuteur de cuisson que j'ai acheté la semaine dernière.»

Je terminerai par un conseil valable quel que soit l'âge de l'enfant: prêtez attention à la relation que vous entretenez en général avec votre fille ou votre fils. Car il ne faudrait pas qu'en voulant l'amener à agir comme vous l'entendez, vous en arriviez à détruire son estime de soi ou à briser vos liens amicaux. Ce livre regorge d'idées. Il est donc fort probable que vous en trouverez quelques-unes grâce auxquelles vous réussirez à amener votre enfant à changer sensiblement de comportement. Certaines des discussions déclenchées par la lecture de cet ouvrage pourraient même vous rapprocher l'un de l'autre. En prime, votre enfant acquerra des aptitudes qui favoriseront plus tard sa réussite et son épanouissement sur les plans professionnel et personnel. Aussi, détendez-vous et profitez des plaisirs que vous rencontrerez en cours de route!

CHAPITRE 1

LES CAUSES DE LA PROCRASTINATION CHEZ LES ENFANTS

Partout dans le monde, des enfants de tous les âges se trouvent régulièrement face à des adultes exaspérés qui leur posent cette question : «Pourquoi n'as-tu pas fait cela au moment où tu étais censé le faire?»

Ne serait-il pas rafraîchissant d'entendre une fois, rien qu'une seule fois, l'un de ces petits diables répondre honnêtement : «Parce que je remets toujours tout au lendemain»? Très souvent, les adultes sont encore plus agacés par la gamme des excuses invoquées :

«Ben… l'ordinateur a effacé tout mon travail.»

«Je n'avais pas le temps.»

«J'sais pas.»

«C'était trop difficile.»

«Je ne savais pas comment m'y prendre.»

«Je n'y comprenais rien.»

«Tu peux pas comprendre.»

«Voilà, tu ne me crois jamais. Je te jure que l'ordinateur a écrasé mon devoir!»

Les raisons alléguées par les petits sont tout aussi aberrantes :

«Mon frère m'avait emmené jouer avec lui dans le jardin.»

«Tu sais, le grand monstre, eh bien, il est venu, et pis… il a mis la pagaille, et pis… il a jeté toutes mes affaires partout, et pis il est parti.»

«J'avais peur.»

«J'pouvais rien faire, ma sœur n'arrêtait pas de m'embêter.»

Les enfants reportent les tâches les plus simples pour les raisons les plus folles. Parfois, ils passent plus de temps à se justifier qu'il n'en aurait mis à accomplir leur travail. Ils se rendent malades. Ils rendent malades leurs parents, leurs grands-parents, leurs oncles et tantes, leurs professeurs ou leur instituteur. Ils rendent tout le monde malade.

Cependant, il n'y a pas lieu de perdre espoir, car il est tout à fait possible d'aider de jeunes procrastinateurs à s'en sortir. J'étais moi-même une procrastinatrice née. Ma mère affirmait qu'elle m'avait portée dans son ventre durant dix mois ; j'avais donc ajourné d'un mois ma venue au monde. Quand j'étais petite, je remettais systématiquement mes devoirs en retard, j'oubliais tout le temps de ranger ma chambre ou de nourrir nos animaux domestiques, et chaque fois que le moment était venu de me préparer (pour aller à l'école, pour aller au lit, pour prendre un bain, pour partir rendre visite à de la famille), je le repoussais jusqu'à ce que mes parents n'aient presque plus de voix à force de crier : «Maintenant, tu vas te préparer. Immédiatement ! Compris ?»

J'avais le sentiment d'être totalement incapable de me comporter autrement, de ne pouvoir maîtriser quoi que ce soit. Je pensais que je ne serais jamais à ma place dans ce monde et que la plupart des personnes importantes dans ma vie (dont mes professeurs, les cheftaines des groupes de jeannettes et de guides dont je faisais partie, et les membres de ma famille) ne m'aimaient pas à cause de mon incapacité à faire ce que j'étais censée faire.

Je ne voulais pas tout remettre au lendemain. Je ne voulais pas mentir à chaque fois que j'avais oublié de faire quelque chose. Je ne connaissais simplement aucune autre façon d'agir. Je ne savais même pas qu'il en existait une autre. Évidemment, je voyais bien que certaines personnes faisaient leur travail en temps et en heure, mais je pensais qu'elles étaient nées avec une faculté particulière, dont je n'avais pas la chance d'être douée.

Par la suite, à l'âge adulte, j'ai modifié ma façon de faire. Je suis maintenant une procrastinatrice en bonne voie de guérison. Une femme organisée. Efficace. Active. Très heureuse.

Au cours d'une étude menée aux États-Unis, on a demandé à 1 000 personnes âgées de 30 ans si elles avaient l'impression que l'enseignement secondaire leur avait permis d'acquérir les aptitudes voulues pour se débrouiller correctement dans la vie. Quatre-vingts pour cent des personnes interrogées ont répondu: «Pas du tout.» Par conséquent, ce livre vous offre la chance d'aider votre enfant à développer une faculté que la plupart des écoles ne pourront, faute de temps, l'aider à acquérir: l'art et la manière de mettre un terme à la procrastination.

Certaines personnes estiment que les déluges de larmes d'un petit de 5 ans et les mouvements de colère d'un adolescent de 17 ans qui part souvent de la maison en claquant la porte sont des manifestations de la procrastination. Elles se trompent. Seul le report constant des tâches à accomplir est le symptôme de la procrastination. Les pleurs et les mouvements de colère répétés résultent de problèmes de communication, d'un état de tension, d'une certaine anxiété, d'une révolte ou de difficultés relationnelles soit à l'intérieur soit à l'extérieur de la famille. Le but de cet ouvrage n'est pas de traiter ces questions, mais de vous donner des conseils pour que vous puissiez aider votre enfant à cesser de tout remettre au lendemain.

Fixer des règles pour prévenir la procrastination

En premier lieu, si vous êtes responsable des règles en vigueur dans le foyer où vit l'enfant ou de certaines règles susceptibles d'influer sur la vie de cet enfant, vous aurez tout intérêt à fixer dès maintenant des règles favorisant l'accomplissement de ses diverses tâches sur-le-champ, et non plus tard. Parmi ces règles, pourraient figurer celles-ci, par exemple :

- On fait ses devoirs d'abord, on regarde la télévision ensuite ;
- On doit effectuer les tâches ménagères avant de jouer sur l'ordinateur ;
- Si on met trop de temps à se préparer le matin, on doit se coucher plus tôt le soir ;
- Au retour de l'école, on doit ranger son manteau, ses chaussures, sa sacoche et autres affaires scolaires avant de faire ce qu'on a envie de faire (manger un goûter, appeler une amie, s'écrouler devant la télévision, etc.).

Ces règles peuvent être suivies par des enfants de n'importe quel âge. Mais, face à des adolescents, il est possible d'ajouter certaines règles spécifiques, comme celle-ci :

- Avec de bonnes notes, on acquiert le droit d'utiliser de temps à autre la voiture ; avec de mauvaises notes, on perd le droit de l'utiliser pendant le semestre en cours.

Non seulement les règles de ce genre offrent à l'enfant un soutien, des repères pour l'aider à « agir sur-le-champ », mais elles lui permettent de prendre de bonnes habitudes afin d'abandonner celle, ô combien frustrante, de tout remettre à plus tard. Évidemment, elles doivent refléter les valeurs familiales.

La procrastination n'est qu'une habitude

Voyons tout d'abord ce qu'est la procrastination. Les jeunes procrastinateurs pensent généralement qu'il leur manque une faculté. Ils croient qu'ils sont nés ainsi, que leur forte tendance à tout reporter au lendemain fait partie intégrante de leur personnalité et qu'ils ne pourront donc jamais changer leur façon d'agir. Ils se sentent impuissants face à une situation qui leur paraît désespérée. En outre, lorsqu'ils entendent les adultes les qualifier de procrastinateurs, ils se fient à leur jugement et continuent de se comporter conformément à cette opinion.

Que vous soyez ou non vous-même enclin à tout ajourner, vous devrez dès le départ préciser à votre enfant que la procrastination n'est ni un trait de personnalité ni le résultat d'un manque quelconque sur le plan psychologique. Vous devrez lui dire que c'est simplement une habitude et que nous sommes tous capables de modifier nos habitudes.

Si vous connaissez un bambin ou un jeune qui a réussi à changer l'une de ses habitudes, profitez-en pour en parler avec votre enfant.

- L'an dernier, Julien et son ami Noah se chamaillaient tout le temps parce que Noah n'aidait jamais Julien à ranger ses jouets quand ils avaient fini de jouer ensemble. Mais Noah a modifié cette mauvaise habitude: maintenant, il aide toujours Julien à remettre ses jouets en place.
- Caroline a une amie qui avait toujours des ennuis à l'école primaire parce qu'elle n'arrêtait pas de bavarder en classe. Mais aujourd'hui, cette jeune adolescente arrive à se contrôler: elle a réussi à se débarrasser de sa mauvaise habitude de jacasser durant les cours.
- Gabriel, qui vient d'entrer à l'université, y a retrouvé un camarade de classe qui se vantait autrefois d'être arrivé en troisième année d'enseignement secondaire sans avoir jamais appris ses leçons ni terminé ses devoirs. Mais à présent, ce copain est un étudiant sérieux, qui a pris la bonne habitude de travailler avec assiduité.

Peu d'entre nous connaissent les raisons pour lesquelles certains parents, amis ou collègues ont changé, mais nous connaissons tous au moins une personne qui s'est débarrassée d'une mauvaise habitude ou qui a pris une bonne habitude.

Si vous avez cessé de fumer, suivi un régime ou entrepris un programme de conditionnement physique, vous pouvez expliquer à votre enfant comment vous avez lutté pour triompher de certaines mauvaises habitudes et acquérir de bonnes habitudes. Parfois, ce genre de combat est très facile, parfois, très ardu. Cependant, il est toujours possible de changer ses habitudes. Les jeunes enfants aiment beaucoup que nous leur racontions nos difficultés et réussites dans pareille entreprise. Quant aux adolescents, ils peuvent toujours lever les yeux au ciel et soupirer, il n'en demeure pas moins qu'ils nous entendent. Mais ils doivent absolument nous montrer que nous leur cassons les pieds avec nos histoires.

Se souvenir des bourdons

Cela vaudrait vraiment la peine que vous racontiez à votre fils ou à votre fille l'histoire du vol des bourdons. Quelle est-elle? Un jour, des ingénieurs en aéronautique ont affirmé que, en raison de leurs caractères physiques, les bourdons ne pouvaient pas voler. Ils étaient sûrs et certains de leur conclusion. Mais personne n'a averti les bourdons de cette découverte. Alors, les bourdons se sont envolés.

Quel que soit l'âge des auditeurs, cette histoire semble toujours avoir un effet remarquable. Dans les moments où votre enfant se sentira incapable ou croira impossible d'échapper à la procrastination, vous pourrez donc la lui rappeler. Quelle sera la leçon à en tirer? Peu importe le jugement de certaines personnes à son sujet ou l'opinion qu'il a de lui-même, votre enfant est tout à fait capable de vaincre son habitude de tout remettre au lendemain. En travaillant sur ces nouvelles

bases avec lui, vous pourriez résoudre en partie d'éventuels problèmes de communication au sein de la famille. En outre, vous lui démon-
trerez ainsi que vous l'estimez et l'aimez en dépit de ses difficultés à
accomplir ses diverses tâches.

Bien sûr, les discussions que vous aurez avec votre enfant sur de
telles idées quant à la lutte contre la procrastination réclameront du
temps et de l'énergie. Mais le jeu en vaut la chandelle, puisque le but
visé est de métamorphoser ce jeune procrastinateur en un enfant responsable et heureux, capable de s'acquitter de ses tâches et d'obtenir
d'excellents résultats. De surcroît, vous et les autres membres de la
famille serez beaucoup moins tendus.

La procrastination est-elle héréditaire?

Certains parents se demandent: «Pourquoi cet enfant remet-il tout au lendemain? Lui aurais-je transmis cette tendance, puisque je suis moi-même
enclin à la procrastination? Existe-t-il un gène de la procrastination?»,
tandis que d'autres se posent la question: «Comment cet enfant peut-il
être procrastinateur, puisque, dans la famille, personne ne l'est?»

Souvent, les enfants estiment – parfois avant même qu'ils ne sachent
parler correctement ou raisonner de façon logique – qu'il est bénéfique
de tout reporter à plus tard. Pour comprendre comment une fillette ou un
garçonnet peut en arriver à une conclusion aussi étrange, il faut tenir
compte du fait que la logique des enfants n'a généralement rien à voir
avec la nôtre. Un bébé qui rampe jusqu'au bord d'un sofa et tombe sur
le sol, par exemple, peut nourrir ensuite une peur de tomber dans le vide
(vertige), mais il peut aussi penser: «La dernière fois que j'étais sur le
sofa, j'ai eu mal. Donc, les sofas sont méchants.» Pour vous démontrer la
façon, étrange à nos yeux, dont les enfants raisonnent, j'ai choisi de vous
raconter deux histoires vécues: celle de Christiane et celle de Jeanne.

Le jour de l'installation d'un téléphone supplémentaire dans sa maison, Christiane reçoit un coup de fil de son frère, Stéphane. Dès la première sonnerie, son fils, âgé de quatre ans, se précipite sur le poste habituel et prend l'appel. Tandis qu'il dit bonjour à son oncle, il voit sa mère passer devant lui et entrer dans la pièce voisine. Là, Christiane décroche le combiné du nouveau téléphone, dit : « Allo », et entend son fils lui demander d'une voix hésitante : « Maman ? Tu es déjà arrivée chez oncle Stéphane ? »

Après la mort de son père, Jeanne essaie d'expliquer à sa fille de cinq ans, Amélie, ce qu'est une veillée mortuaire. Elle lui dit que l'âme de papi, cette partie de lui qui était vivante, aimait et riait, est montée au ciel et que seul son corps se trouve dans le cercueil. Elle lui précise que, lors de la veillée, tous les membres de la famille seront présents pour voir le corps de papi une dernière fois et réciter une prière. Jeanne est contente d'elle : elle pense avoir donné des explications claires et nettes. Cependant, Amélie pique une vraie crise de nerfs à propos de la veillée et refuse d'y aller.

Quelque temps plus tard, Jeanne entend Amélie tenir ces propos à des enfants du voisinage : « Vous savez quand on vide une personne, on vide son corps, puis on enlève la tête, les bras et les jambes. Alors, c'est juste le corps de papi qui est dans le cercueil. Mais j'sais pas ce qu'ils ont fait de sa tête et du reste. »

Jeanne est abasourdie. Après avoir repris ses explications pour clarifier la question, elle demande à Amélie : « Ne trouvais-tu pas cela étrange que nous allions voir le corps de Papi sans sa tête ? » « Ben oui ! lui répond la fillette, mais les parents font des choses si bizarres. »

Les enfants ne deviennent pas procrastinateurs à la suite d'un quelconque traumatisme, mais en réponse à une situation familiale banale interprétée selon leur curieuse logique. Par inadvertance, les parents peuvent agir d'une manière qui conduit leur bambin à tout reporter. C'est pourquoi il est capital d'inculquer aux enfants que leurs désirs ne seront pas toujours satisfaits sur-le-champ. Pour ce faire, il est bon de leur dire de temps à autre:

«Pas maintenant. Plus tard.»

«Je suis en train de baigner le bébé. Alors, je ne peux pas m'interrompre pour te lire une histoire. Il faut que tu attendes.»

«Je ne peux pas t'écouter jouer du piano maintenant, car je dois partir au travail. On fera cela plus tard.»

Certains enfants apprennent ainsi à patienter, à prévoir la satisfaction future de leurs désirs. Mais d'autres tirent une tout autre leçon de pareilles réponses. Ils se disent: «Moi aussi, je vais remettre des choses à plus tard.»

Mettez-vous à la place d'un enfant de six ans qui se met à ranger ses jouets, tandis que son frère va s'asseoir tranquillement devant la télévision sans ranger les siens. Papa rentre à la maison et, préoccupé par un problème à son travail, il ne fait aucune remarque sur les jouets laissés çà et là. Quelle conclusion en tireriez-vous? Peut-être aucune. Mais peut-être vous diriez-vous: «Ce n'était vraiment pas la peine que je me prive de télé pour ranger mes jouets. Désormais, je les laisserai traîner et j'irai regarder la télé.» Bien sûr, il s'agit là d'une décision prise au niveau du subconscient. Cependant, c'est dans le subconscient que se trouve l'origine des habitudes. Qui sait pourquoi deux enfants élevés sous le même toit n'agissent absolument pas de la même manière, pourquoi l'un est le roi de la procrastination, alors que l'autre s'attache à tout effectuer en temps et en heure?

Attention!

Il arrive que des enfants cèdent à la procrastination dans le seul but d'attirer l'attention sur eux. Dans une école secondaire, une enseignante, madame G, s'est livrée à une expérience visant à démontrer aux élèves combien nous avons tous besoin qu'on prête attention à nous.

Dans une classe où les élèves étaient des adolescents bien élevés, sensibles, perspicaces et considérés comme «doués», elle entama ainsi une discussion :

«Quel est le contraire de l'amour?

- La haine, répondit aussitôt un élève.
- Certaines personnes prétendent que c'est l'indifférence», rétorqua madame G.

Silence. Les élèves réfléchissaient à la question. Alors, madame G poursuivit :

«Nous savons que nous préférons les marques d'"attention positive", comme les sourires, les paroles aimables ou les gestes gentils, aux marques d'"attention négative", telles que les froncements de sourcils, les cris de colère ou les punitions. Maintenant, imaginez que vous ne puissiez obtenir d'une personne qu'elle vous prête une attention positive. Préféreriez-vous qu'elle vous accorde une attention négative ou qu'elle ne prête aucune attention à vous, qu'elle se montre indifférente à votre égard?»

Les élèves furent unanimes : ils préféraient l'indifférence aux punitions et aux réprimandes. L'un d'eux lança même : «Aucune personne saine d'esprit ne pourrait préférer qu'on lui accorde une attention négative !»

Le lendemain, à leur arrivée dans la classe, les élèves trouvèrent madame G assise derrière le bureau, le nez plongé dans un livre. Ils s'assirent, et l'enseignante poursuivit sa lecture en les ignorant totalement. Au bout d'un moment, ils réagirent : «Madame G, qu'est-ce qui se passe?». Puis, ils haussèrent la voix, jusqu'à l'interpeller à plusieurs reprises : «Hou! hou!, madame G.»

En réponse à ces appels, la professeur tourna son siège dos à la classe, se rassit et continua de lire. Les élèves se mirent à crier de plus en plus fort et à lancer dans sa direction des crayons, des stylos et des boules de papier chiffonné; tous ces jeunes brillants et bien élevés, la fine fleur de l'école, s'étaient métamorphosés en furies. Finalement, l'un d'eux jeta à toute volée un livre, qui vint s'écraser bruyamment sur le tableau noir.

L'enseignante ramassa le livre, le posa d'un geste sec sur son bureau, puis leur dit en souriant: «Vous avez réagi exactement comme je l'avais prévu. Vous avez préféré tenter de me mettre en colère – voire de m'inciter à vous punir – plutôt que de me permettre de continuer à vous ignorer. Alors, discutons maintenant des raisons qui vous ont poussés à vous comporter de la sorte, autrement dit à solliciter de ma part une attention négative au lieu de tolérer que je ne prête aucune attention à vous.»

Lorsque des enfants s'acquittent de leurs tâches, nous les remercions et les félicitons rarement. Pourquoi le ferions-nous? Ils font tout simplement ce qu'ils sont supposés faire, non?

Pareille absence de réaction ne gêne nullement certains enfants, qui éprouvent de la satisfaction à effectuer leur travail. En revanche, elle en conduit d'autres à avoir le sentiment qu'on ne leur accorde aucune attention et, de ce fait, à tout renvoyer à plus tard. Résultat: les parents crient après eux, fulminent, s'énervent et les punissent. Cependant, aussi insensé que cela puisse paraître, ces enfants préfèrent vraiment ces manifestations d'attention négative à l'indifférence. Ils se comportent mal afin d'attirer l'attention sur eux, ou bien ils poussent leurs parents à bout en ne faisant rien, en remettant tout au lendemain.

Par conséquent, il est crucial de repérer les bonnes conduites d'un enfant et de les renforcer en prêtant attention à lui et en lui témoignant de la reconnaissance. Il faut éviter à tout prix de tomber dans le piège d'une conduite procrastinatrice destinée à capter l'attention d'une personne en la mettant hors d'elle.

Bien sûr, en matière d'éducation, aucune recette n'est infaillible. Tous les parents le savent bien. Notamment Catherine. Cette femme intelligente, qui a lu de nombreux livres sur l'éducation des enfants, est une mère très affectueuse et toujours soucieuse d'encourager son fils, Olivier. Ce dernier est âgé de deux ans lorsqu'elle arrive au terme d'une nouvelle grossesse. Un après-midi où elle se repose, assise sur le canapé, elle demande au bambin de remettre un jouet où il l'a trouvé. Elle lui répète au moins cinq fois de le ranger avant de passer aux menaces : «Olivier, ne me force pas à me lever pour t'obliger à le ranger», le prévient-elle. En vain : Olivier reste planté au milieu de la pièce, à la regarder en tenant le jouet dans ses mains. Finalement, Catherine se lève, mais tandis qu'elle s'approche clopin-clopant de son fils, il part en courant ranger son jouet. Étant une mère gentille et soucieuse de renforcer les bonnes conduites de ses enfants, elle serre ensuite le petit dans ses bras, l'embrasse et lui dit : «Alors, n'est-ce pas mieux quand tu fais ce que maman te demande ?»

Par la suite, en réfléchissant à l'incident, Catherine se demandera ce que son fils a retenu de son témoignage d'affection. «S'il avait remis le jouet à sa place dès que je le lui ai demandé, je ne me serais pas levée, et il n'aurait pas eu droit à une étreinte ni à un baiser, remarquera-t-elle. D'un côté, ces marques de tendresse lui ont peut-être appris qu'il valait mieux qu'il fasse ce que maman disait. Mais, de l'autre, elles l'ont peut-être incité à croire que c'était grâce à la procrastination, au fait de *ne pas* avoir agi sur-le-champ, qu'il avait bénéficié d'une douce étreinte et d'un gros bisou.»

On ne saura jamais ce qui s'est passé dans la tête du petit Olivier ce jour-là. Mais Catherine a été très étonnée de découvrir qu'elle avait beau se conduire exactement de la même manière avec ses trois enfants, chacun d'eux interprétait sa conduite différemment.

Les parents ne cherchent assurément pas à conduire leur fils ou leur fille à la procrastination. Cependant, ils ont parfois une façon d'agir que leur enfant interprète comme la preuve qu'il a tout intérêt à repousser l'exécution d'une tâche.

Subir les conséquences de ses actes

Cela brise le cœur de voir un enfant subir les fâcheuses conséquences d'une chose qu'il a faite (ou a omis de faire). Alors, comment ne pas être tenté de lui épargner cette souffrance ? Samuel, par exemple, a veillé un soir jusqu'à minuit pour achever un devoir de sciences que sa sœur, Barbara, avait reporté jusqu'à la dernière minute. Ainsi, Barbara n'a pas subi ce jour-là les conséquences de sa tendance à tout remettre au lendemain. Cependant, elle pourrait bien avoir tiré (inconsciemment) de l'expérience la conclusion suivante : «Bon ! chaque fois que je reporterai une tâche à plus tard, une personne sera prête à me tirer d'embarras. En plus, cette personne accomplira peut-être cette tâche mieux que je ne l'aurais accomplie moi-même. »

À son travail, Samuel a remarqué que l'un de ses collègues se comportait exactement comme sa sœur. Cet homme attend toujours la dernière minute pour s'occuper de ce qu'il a à faire et à ce moment-là, il se met à courir dans tous les bureaux à la recherche de quelqu'un pour le tirer d'affaire.

Quand leur enfant ne s'acquitte pas d'une tâche, les parents, fatigués de lui rappeler sans cesse son devoir, de le contraindre et même de le harceler, l'accomplissent souvent eux-mêmes. Il s'agit là encore d'une conduite qui, bien qu'elle paraisse assez anodine, peut mener l'enfant à considérer la procrastination comme bénéfique.

Lorsque son inclination à tout remettre au lendemain lui vaut seulement de se faire secouer un peu, mais qu'il se trouve toujours une personne pour effectuer son travail à sa place, l'enfant devient dépendant et ne peut acquérir la maturité et le sens des responsabilités voulus pour qu'il se réalise pleinement à l'âge adulte.

> Pour grandir, les enfants n'ont besoin d'aucune aide. Mais pour mûrir, ils ont besoin de conseils et de directives.

Maintenant, faut-il vous faire un sang d'encre à ce sujet? Faut-il vous dire: «Mais alors, n'ai-je pas fait quelque chose qui a incité mon enfant à choisir de remettre tout au lendemain?» Non, pas du tout. De nombreux facteurs peuvent avoir conduit votre enfant à la procrastination, et la majorité de ces facteurs n'ont rien à voir avec ce que vous avez fait ou dit. Cependant, il existe des stratégies que vous pourrez suivre pour l'aider à se débarrasser de cette mauvaise habitude.

Avant de commencer à travailler selon les idées et conseils donnés dans ce livre, prenez le temps de réfléchir à certaines des raisons pour lesquelles vos efforts en vue de juguler la tendance à la procrastination de votre enfant n'ont pas porté fruit jusqu'à présent.

1. Peut-être votre enfant ne considère-t-il pas sa tendance à tout remettre au lendemain comme un problème parce qu'il n'a jamais eu à en subir les conséquences, du fait qu'une personne (vous, peut-être?) l'a toujours tiré d'affaire? En pareil cas, la solution consiste à établir des règles favorisant l'accomplissement des tâches sur-le-champ: on fait ses devoirs avant de regarder la télévision; on range sa chambre avant d'aller jouer avec ses amis; pendant une semaine, on se prépare à temps pour partir à l'école, et après on ira faire un tour au centre commercial.

2. Peut-être votre enfant est-il découragé parce qu'il a le sentiment qu'il ne changera jamais? Il faut donc lui expliquer que la procrastination est seulement une habitude et lui raconter l'his-

toire du vol des bourdons. Si vous êtes vous-même en train de combattre cette mauvaise habitude, parlez-lui de votre lutte et tenez-le informé de vos progrès.

3. La communication au sein de la famille s'est peut-être détériorée au point d'engendrer un état de tension, une colère et un ressentiment constants ? En ce cas, la procrastination n'est pas vraiment le problème à résoudre. Elle est seulement le signe d'un problème plus grave, auquel il faut s'attaquer en priorité, en général avec l'aide d'un expert en la matière.

4. Juste après avoir été puni ou vertement réprimandé, votre enfant est sans doute gêné et en colère. Par conséquent, il n'est probablement pas d'humeur à discuter avec vous et à prêter attention à vos suggestions. Alors, laissez-le tranquille et donnez-lui le temps de se calmer avant d'aborder la question de la procrastination.

5. Votre enfant n'est pas conscient du problème. Il a peut-être déjà subi les tristes conséquences de sa tendance à tout remettre au lendemain, mais il les a vite oubliées ou n'en a pas compris la cause. Vous devez donc attendre qu'il se comporte de toute évidence en procrastinateur pour le mettre face à la réalité et lui expliquer combien son existence serait différente s'il faisait les choses en temps voulu.

La plupart des parents estiment que les enfants procrastinateurs ont besoin d'apprendre à s'autodiscipliner, mais ils associent généralement apprentissage de la discipline à punition. Or, ils devraient plutôt voir cet apprentissage comme un enseignement ou une formation visant, au-delà de la soumission à des règles, le développement de la maîtrise de soi et de la volonté, ou encore des aptitudes nécessaires pour agir avec ordre, méthode et efficacité. Dès maintenant, en faisant équipe avec votre enfant, vous l'aiderez à développer des facultés qui lui seront utiles tout au long de son existence et dans tous les domaines – et vous pourriez même en tirer des enseignements qui vous seront, à vous aussi, très utiles.

TRAVAIL EN ÉQUIPE

Cette partie est en quelque sorte le programme que je vous propose. Il est destiné à vous aider, et non à éveiller en vous de l'anxiété ou un sentiment de culpabilité. Libre à vous de ne pas en tenir compte du tout, de ne l'appliquer qu'en partie ou de le suivre à la lettre.

Questions à discuter
• La procrastination est une habitude; on peut donc changer.
• Les bourdons ont réussi à voler: racontez à votre enfant l'histoire des ingénieurs en aéronautique qui affirmaient que les bourdons ne pouvaient pas voler.
• Quand on ne termine pas une tâche, il faut s'attendre à subir les tristes conséquences de pareille négligence.

ÉTAPE SUIVANTE

Idées à mettre en application
• Préparez-vous mentalement à aider votre enfant à cesser de remettre tout au lendemain.
• Parlez à votre enfant de votre vécu en rapport avec la procrastination.
• Fixez des règles fondées sur le principe que le travail passe avant le jeu (si de telles règles existent déjà dans votre foyer, durcissez-les ou formulez-en de nouvelles).
- S'il est nécessaire d'élaborer de nouvelles règles, faites-le de concert avec votre conjointe ou votre conjoint.
- Énoncez ces nouvelles règles à votre enfant et discutez-en avec lui.
• Gardez votre sens de l'humour.

CHAPITRE 2

L'EFFICACITÉ DES RÉCOMPENSES

Face à une tâche qui leur déplaît au plus haut point, de nombreux enfants (et adultes) se tiennent le raisonnement suivant : «Une fois que j'aurai terminé ce travail que je déteste, je devrai tout simplement en faire un autre que je déteste tout autant. Aussi, pourquoi me donnerais-je la peine d'accomplir ce premier travail ?»

En revanche, les personnes habituées à tout faire en temps et en heure voient les choses différemment. Elles savent bien que la vie comporte des tâches rebutantes, que personne ne peut échapper à ces vraies corvées. Mais elles ont un secret : lorsqu'elles se sont acquittées d'une tâche pénible, elles ne se précipitent pas sur la suivante, elles s'accordent un moment de répit pour s'offrir une récompense.

Par conséquent, dans la formulation des règles, vous aurez tout intérêt à relier chaque tâche à une récompense : on doit ranger sa chambre avant de s'amuser sur l'ordinateur ; on doit s'occuper des animaux domestiques avant d'aller jouer avec ses copains. Ainsi, vous fixerez des règles qui encourageront votre enfant à exécuter ses tâches sans retard et le mèneront à associer travail et récompense.

Vous devrez aussi envisager un mode de récompense particulier pour les tâches ayant de l'importance à vos yeux, mais aucune importance aux yeux de votre enfant. Je m'explique : certains bambins ne sont nullement gênés de voir leur linge sale s'empiler au pied de leur lit ni de mettre tant de temps à se préparer le matin que c'en est horripilant. La majorité des enfants en sont à ce stade-là, et sont encore petits, quand leurs parents décident d'agir en vue de les détourner de la procrastination. Mais pour réussir dans cette entreprise, les parents doivent promettre des récompenses extrêmement attrayantes.

Les listes ci-après comprennent sans doute des avantages que votre enfant considère vraiment comme des récompenses. Sinon, elles vous donneront peut-être des idées. Quoi qu'il en soit, sachez que le nombre de récompenses appréciées par les petits comme par les grands est étonnant. Parmi elles, citons notamment :

- une sortie dans un endroit où l'enfant aime se rendre ;
- un moment en la compagnie d'amis et d'amies ;
- un bon repas ou toute autre gâterie ;
- l'autorisation de se servir de l'ordinateur ;
- la permission de regarder la télévision ;
- un disque compact ou un DVD ;
- un jeu électronique ou un logiciel ;
- une somme d'argent ;
- une sortie ;
- un nouvel équipement pour le sport ;
- un objet pour la chambre ;
- des vêtements.

Pour un jeune enfant

Si votre enfant a moins de 10 ans, il pourrait aussi apprécier l'une des récompenses suivantes :

- un moment en votre compagnie ou de tout autre adulte cher à son cœur ;

– la relecture de l'une de ses histoires préférées ;

– un jouet ;

– un livre ;

– une sortie au parc, à la piscine ou dans tout autre endroit où votre enfant aime aller ;

– une sortie en famille ;

– l'autorisation d'aller jouer à l'extérieur ;

– un repas avec vous en dehors de la maison ;

– toute occasion où il pourra bénéficier de votre attention.

Pour un enfant de 10 à 14 ans

Si votre enfant a entre 10 et 14 ans, bien des récompenses ci-dessus énumérées demeurent valables. Cependant, vous pouvez aussi considérer comme des récompenses les éléments suivants :

– votre collaboration, ou celle d'un autre adulte, à la réalisation d'un travail manuel ou d'un devoir ;

– son inscription à un mouvement de jeunes, à une association ou à une activité de groupe à laquelle il désire participer (en ce cas, ne pas faire ses devoirs signifie, par exemple, être forcé de quitter les scouts ou de se retirer de l'équipe sportive jusqu'à ce que le bulletin de notes soit meilleur) ;

– un tour au centre commercial ;

– le droit d'aller dormir chez une amie ou un ami ;

– une sortie à la piscine ;

– la permission de passer des coups de fil.

Pour un adolescent

Si votre enfant est adolescent, vous pouvez aussi envisager ces récompenses-ci :

– vos services en tant que « chauffeur » pour se rendre aux endroits où il pratique une activité ;

- le droit d'utiliser votre voiture, s'il est en âge de conduire;
- l'autorisation de travailler à temps partiel ou de faire du baby-sitting (exemple: avoir de bonnes notes = avoir un petit travail = avoir de l'argent; avoir de mauvaises notes = ne plus avoir de job = ne plus avoir d'argent);
- la permission de sortir;
- la permission de rentrer tard;
- un moment en votre compagnie (Eh oui! aussi surprenant que cela puisse paraître, les adolescents apprécient la compagnie de leur mère et de leur père), dans un restaurant ou un endroit qu'il aime bien.

Pour dresser la liste des récompenses qui feront vraiment plaisir à votre enfant, je vous conseille de travailler en équipe avec lui. S'il sait écrire ou taper sur un clavier d'ordinateur, laissez-le la transcrire. Si son écriture n'est pas aussi propre et nette que la vôtre, peu importe; le but, c'est de l'aider à se souvenir que les récompenses prévues ont été proposées par lui, et non par vous.

Par ailleurs, chaque fois que vous établirez une liste ensemble (grâce à une séance de remue-méninges), vous devrez veiller à inscrire toutes les idées émises, y compris les idées bizarres, les idées négatives et les idées stupides. Ainsi, vous deviendrez l'un et l'autre plus réceptifs aux idées neuves. De surcroît, en faisant participer votre enfant à pareil exercice, vous obtiendrez plus facilement son assentiment, car on accepte généralement mieux ses idées que celles des autres.

Il demeure néanmoins que les récompenses prévues doivent vous convenir. En effet, il ne serait pas raisonnable que votre enfant s'attende à ce que vous l'emmeniez au parc un jour où vous ne vous sentez pas bien. Sur ce plan-là aussi, il doit faire preuve de respect envers vous.

Prenons quelques exemples. Si votre enfant est tout jeune, vous pourriez lui dire : «Chaque fois que tu auras pris ton bain sans traîner et sans discuter, et que tu seras couché au moment où ce minuteur sonnera, je te lirai une histoire», ou bien : «…tu pourras choisir un livre que je te lirai.» Bien sûr, vous pourriez lui offrir n'importe quelle autre récompense propice au calme et à l'endormissement. Si votre enfant est plus âgé, vous pourriez lui proposer ce marché : «Tu remets tous tes devoirs en temps et en heure jusqu'au prochain bulletin, et on ira tous les deux, juste toi et moi, au cinéma, en randonnée, à la pêche, au théâtre, dans les magasins, à un match de base-ball, au salon du livre ou au restaurant.» Quoi qu'il en soit, il est capital que vous choisissiez la récompense ensemble. Cette prise de décision pourrait marquer le début d'une coutume spéciale entre vous.

N'OUBLIEZ PAS QUE LES ENFANTS ENTENDENT TOUT.

Par conséquent, que vous discutiez avec votre enfant ou avec d'autres personnes, veillez à parler de sa promptitude à agir et de sa nouvelle habitude d'accomplir son travail et ses tâches en temps voulu. Vous entendre faire son éloge pourrait bien être pour lui la plus belle des récompenses.

Les parents ont souvent l'impression qu'aucune récompense ne saurait amener leur fille ou leur fils à changer. Ils se disent : «Cet enfant est indifférent à tout. *Rien* ne peut le motiver.» C'est exactement ce que pensait Manon au sujet de sa fille de huit ans, Émilie. Néanmoins, voici ce qu'elle m'a raconté :

Lasse de toujours répéter les mêmes choses, j'ai un jour prévenu Émilie qu'il allait y avoir du changement, que je tenais à ce qu'elle fasse sa part de travail à la maison. Elle se plaignait de ce que je ne passais pas assez de temps avec elle, mais la raison en était simple : je devais tout faire, y compris les tâches qui lui incombaient.

J'ai donc dressé la liste des petites tâches qu'elle devait accomplir, et elle m'a dit : «Je ne ferai rien de tout ça. Je m'en fiche de ne pas aller jouer dehors. Je m'en fiche de ne pas regarder la télé. Je me fiche de tout. Je ne ferai pas ça.»

Je n'arrivais pas à trouver le moyen de la motiver. Je la croyais indifférente à tout. Néanmoins, elle m'avait réclamé à cor et à cri de lui acheter un disque sur lequel se trouvaient deux chansons qu'elle avait entendues à la radio. Je ne voulais pas lui offrir ce disque, car il comportait certains morceaux dont les paroles étaient assez grossières. Mais j'avais récupéré sur mon ordinateur les deux chansons qu'elle aimait tant. Je lui ai donc promis que si, dans la semaine, elle faisait toutes les tâches inscrites sur la liste (elle avait horreur que je parle de liste de tâches), je lui donnerais le disque sur lequel j'avais gravé ces deux chansons. Sur le ton de la rébellion, elle m'a répliqué : «Je ne les veux plus. Je ne veux pas de ça comme récompense.» Je lui ai donc proposé de réfléchir avec elle à ce qui lui ferait plaisir, mais elle m'a répondu qu'elle ne désirait absolument rien. Finalement, elle est revenue plus tard sur le sujet pour me signaler qu'elle aimerait avoir un sacco dans sa chambre. Elle savait bien que je serais d'accord, puisque nous avions déjà prévu d'aller en acheter un dès que possible.

Émilie avait toujours été d'humeur variable lorsque nous abordions le sujet des récompenses. Au départ, elle était contre tout ce que je proposais, mais ensuite elle se montrait coopérative. Ce jour-là, au moment où j'ai lancé l'impression de la liste de ses tâches, j'étais découragée. Cependant, je ne m'étais pas éloignée de l'ordinateur depuis une minute qu'Émilie s'était emparée de la liste imprimée. J'étais sûre et certaine qu'elle allait la déchirer en mille morceaux. Mais non : elle a été l'épingler bien en vue dans sa chambre, au beau milieu de la porte. Puis, elle a punaisé sur cette porte un poster d'Aaron Carter. La liste étant masquée par le poster, je pensais qu'elle l'aurait oubliée dès le lendemain. Je me trompais.

Les jours suivants, dès son retour de l'école, elle alla soulever le poster pour vérifier ce qu'elle devait faire et s'attela aussitôt à la tâche. La liste lui rappelait nos accords : si elle mettait chaque jour son linge sale dans le panier prévu à cet effet, elle aurait droit au dessert ; si elle rangeait chaque jour ses jouets, elle pourrait aller jouer une demi-heure à l'extérieur ; si elle passait l'aspirateur dans sa chambre trois fois par semaine, elle pourrait choisir entre regarder la télévision ou aller dans le jardin. Néanmoins, au milieu de la semaine, elle m'a demandé si elle pourrait avoir le disque comportant ses deux chansons préférées plutôt que le sacco. Je lui ai rappelé qu'elle m'avait dit ne pas vouloir de ce disque en guise de récompense, mais elle m'a répondu qu'elle avait changé d'avis. Je lui ai donc promis que je lui remettrais le disque sur lequel j'avais gravé les chansons si elle continuait de bien se comporter. Bien sûr, elle a lourdement insisté pour que je lui offre le disque complet, mais j'ai tenu bon.

Finalement, j'ai compris que j'avais eu raison de considérer les chansons comme une récompense susceptible d'intéresser Émilie et qu'elle avait refusé mon offre dans un accès de rébellion. Je n'avais plus qu'à me montrer patiente en attendant qu'elle surmonte son mécontentement d'avoir à faire certaines tâches ménagères.

À présent, elle vérifie sa liste de tâches avec enthousiasme et elle se débrouille très bien pour accomplir ces tâches en temps et en heure.

Je vous recommande de laisser votre enfant choisir la récompense qui le poussera à agir. Certes, c'est vous qui l'offrirez, mais si c'est votre fille ou votre fils qui l'a déterminée, elle aura plus d'effet.

Si vous ne trouvez ni l'un ni l'autre une récompense attrayante, votre enfant devra alors gagner ce qu'il tient habituellement pour acquis. Par exemple:

- L'enfant est tout jeune: «Si tu ronchonnes et tardes à te préparer pour aller à la messe, tu ne pourras pas jouer avec tes jeux électroniques aujourd'hui.»
- L'enfant va à l'école: «Si tu oublies de noter les devoirs qu'on te donne à faire, tu ne pourras pas regarder la télévision ce soir.»
- L'enfant est un jeune conducteur: «Si tu ne veilles pas à mettre de l'essence dans ma voiture quand tu l'utilises, tu ne pourras plus t'en servir pendant deux semaines.»

Dans le choix des récompenses, votre enfant doit surtout rester réaliste. Il ne serait en effet pas raisonnable qu'il espère recevoir une énorme récompense pour un petit travail. Par exemple, si vous deviez chambouler tout votre emploi du temps afin de pouvoir emmener votre fille faire les magasins après qu'elle eut rempli une tâche quelconque, la récompense ne serait pas en rapport avec l'effort fourni. Mais peut-être que si elle s'acquittait de ses tâches au moment voulu et sans rappel à l'ordre durant une semaine entière, elle mériterait bien que vous lui offriez quelques heures de magasinage.

En jouant sur l'heure du coucher, Hélène, mère de trois jeunes écoliers, a aidé ses enfants à rompre avec l'habitude de traîner le matin. Elle commença par leur accorder la faveur de se coucher une demi-heure plus tard les jours où ils s'étaient préparés à temps pour partir à l'école. Néanmoins, les jours où ils avaient tellement rechigné à se lever, lambiné ou tardé à se préparer qu'ils étaient partis en retard, elle exigeait qu'ils aillent au lit plus tôt, car, leur faisait-elle remarquer, ils avaient de toute évidence besoin de dormir plus longtemps. Puis, la première fois qu'ils réussirent enfin à réprimer leur tendance à la procrastination durant une semaine entière, elle marqua le coup aussitôt : elle leur annonça qu'elle allait le soir même louer un film pour eux et commander leur pizza préférée (de toute façon, elle avait prévu d'acheter une pizza pour le dîner, mais ils n'en savaient rien).

Quand l'habitude de traînailler eut pratiquement disparu depuis quelques mois, Hélène déclara à ses enfants qu'une famille sans lambins méritait un abonnement à la piscine, et ils allèrent tous ensemble en acheter un. En outre, elle veilla à souligner fréquemment combien les matins étaient plus agréables depuis qu'ils avaient cessé de traîner puis de courir comme des fous pour rattraper le temps perdu. Et finalement, elle fut toute surprise d'entendre un jour ses enfants reconnaître eux-mêmes combien il était plaisant de commencer ses journées dans le calme.

En conclusion, même si vous avez choisi avec votre enfant une récompense particulière en vue de vaincre sa tendance à tout remettre au lendemain, rien ne vous empêche, ni n'empêche quelqu'un d'autre, d'ajouter un «plus» à cette récompense lorsqu'il a manifestement fait de gros efforts pendant un certain temps. N'oubliez pas que vous lui demandez de combattre une habitude tenace et néfaste. Alors, si vous découvrez un moyen de fêter la réussite de votre enfant, n'hésitez pas à le mettre en œuvre.

Penser aux sanctions

Bien que les sanctions puissent sembler à l'extrême opposé des récompenses, elles font néanmoins partie intégrante du mode de récompense. En effet, les règles instaurées sont fréquemment associées à la perte d'un privilège ou à une punition quelconque.

Certains parents avertissent clairement leur fille ou leur fils : «Tu connais la règle ; si tu ne fais pas tes devoirs, tu ne pourras pas jouer avec tes jeux électroniques», «... te servir de l'ordinateur», «... regarder la télévision» ou «...aller retrouver tes copains et copines». La sanction dépendant bien sûr des activités préférées, il n'est pas rare que dans une famille, elle soit différente pour chaque enfant. Quoi qu'il en soit, chacun comprend vite que c'est à *lui* de choisir s'il s'amusera ou non, selon qu'il aura fait ou non ce qu'il était supposé faire.

Vous trouverez peut-être difficile d'appliquer les mesures répressives (sanctions) ou incitatives (récompenses) que vous avez conçues pour aider votre enfant à changer de comportement. Mais le jeu n'en vaut-il pas la chandelle ?

- Aimez-vous mieux être sans cesse sur le dos de votre enfant ?
- D'ailleurs, vos réprimandes et vos rappels à l'ordre continuels sont-ils efficaces ?
- Ou bien provoquent-ils des querelles ?
- Préférez-vous vraiment vous battre avec votre enfant ?
- Et pensez-vous que votre enfant préfère se disputer avec vous ?
- Ne trouvez-vous pas épuisant de constamment le surveiller, le réprimander, le sermonner et vous quereller avec lui ?

C'est la plupart du temps grâce aux sanctions que les adultes restent dans le droit chemin. Ils respectent les limites de vitesse afin de ne pas avoir de contraventions. Ils arrivent à l'heure au travail de crainte d'être pénalisés (pas de hausse de salaire, pas d'avancement, voire un licenciement pur et simple). Et s'ils surveillent la cuisson d'un plat, c'est parce que s'ils ne le faisaient pas, ils risqueraient de mettre le feu à la maison ou d'être privés de repas.

Aujourd'hui comme hier, les enfants doivent appendre à suivre les règles établies. Mais les parents ont parfois du mal à mettre en œuvre des règles et des sanctions. Jean l'admet : «Je m'en veux terriblement lorsque j'interdis à ma fille de sortir parce qu'elle n'a pas rangé sa chambre. Je n'y peux rien, étant un père sensible et affectueux, je finis toujours par céder.»

C'est effectivement très dur de faire respecter des règles, surtout quand cela implique de voir son enfant triste ou contrarié. Cependant, il faut bien se dire qu'en laissant un enfant s'enliser dans un mauvais comportement, non seulement on ne lui rend pas service, mais on le met dans une fâcheuse situation. Car il arrive toujours un moment où on est tellement exaspéré qu'on se met à le talonner et à crier après lui, jusqu'à ce que tout le monde se dispute et qu'il fonde en larmes.

De toute évidence, il vaut mieux appliquer les règles établies et les sanctions prévues. C'est la meilleure façon de démontrer à un enfant qu'on l'aime et qu'on le soutient. En outre, c'est le meilleur moyen de l'aider à prendre l'habitude de faire son travail en temps et en heure. Enfin, c'est ainsi qu'on peut l'amener à s'épanouir et, finalement, à être vraiment heureux.

TRAVAILLER EN ÉQUIPE AVEC L'ENTOURAGE
AFIN DE FAIRE RESPECTER LES RÈGLES

Pour apprendre à votre enfant à se plier aux règles, pensez à travailler en collaboration avec tous les adultes en relation avec lui. Exposez-leur les règles que vous avez fixées pour le décourager de remettre tout au lendemain et demandez-leur de vous aider à les faire respecter. Ces personnes pourraient être notamment:

- toutes les personnes, y compris les membres de la famille, qui s'occupent de votre enfant ou qui, d'une manière ou d'une autre, vous aident à l'élever;
- les enseignants (ils ne sont pas vos ennemis, ils sont vos collaborateurs dans l'éducation de votre enfant);

- votre ancienne conjointe ou votre ancien conjoint (même si vous n'arrivez pas à vous entendre sur d'autres plans, efforcez-vous de travailler en équipe pour élever votre enfant, y compris pour le détourner de la procrastination). Expliquez-lui les nouvelles règles que vous avez instaurées et le combat que vous menez pour apprendre à votre enfant à faire les choses en temps et en heure, et demandez-lui de vous soutenir dans cette entreprise. En échange, proposez-lui votre concours pour faire respecter les règles qu'elle ou il pourrait fixer.

Informez-vous auprès de toutes ces personnes des règles qu'elles pourraient avoir énoncées dans le but d'inciter votre enfant à agir en temps voulu et que vous pourriez appuyer. Certaines de ces personnes ne vous prêteront peut-être pas leur concours, mais cela vaut quand même la peine de leur décrire votre méthode, de leur expliquer le but des règles instaurées et l'importance de les appliquer, et d'essayer d'obtenir leur collaboration.

Vos règles sont-elles de « vraies règles » ?

Les enfants sont capables d'apprendre à se plier aux règles tant qu'ils les considèrent comme absolues, autrement dit comme de vraies règles. Mais afin de savoir si elles le sont ou non, ils les contestent, les transgressent et essaient de découvrir jusqu'où ils peuvent aller pour y échapper. C'est ainsi que la fille de Jean s'est aperçue que les règles énoncées par son père n'étaient pas de vraies règles, puisque ce dernier ne les appliquait jamais, il lui passait tout. Jean pensait qu'un «père sensible et affectueux» ne pouvait se comporter autrement.

Cependant, une fois qu'un enfant a acquis la certitude que les règles établies sont de vraies règles, il les respecte, même si d'autres personnes les estiment déraisonnables. Prenons un exemple. Un jeune homme de 15 ans m'a expliqué qu'au paintball, la première fois qu'on surprenait un joueur sans son masque facial (parce qu'il l'avait enlevé pour essuyer la peinture collée sur la visière ou pour regarder rapidement alentour), on lui interdisait de jouer durant les deux matchs suivants, et la seconde fois, on l'expulsait définitivement du terrain. Il devait donc aller jouer ailleurs. Cette règle peut sembler assez draconienne, vu que les joueurs de paintball sont en général des adolescents et qu'elle ne laisse aucune place aux gestes de rébellion propres à l'adolescence. Toutefois, les joueurs savent pertinemment qu'il s'agit là d'une règle absolue. Par conséquent, en choisissant de jouer au paintball, ils choisissent aussi d'en suivre les règles – qu'ils les considèrent ou non comme sensées.

Quand les parents ne cessent de saboter ou de lever les sanctions en rapport avec le non-respect des règles établies, les enfants en concluent que ces règles ne sont pas des règles absolues. Et que, par conséquent, ils n'ont pas à obéir à une règle quelconque.

En général, ce sont les parents qui appliquent les sanctions. Mais lorsque ce sont d'autres personnes qui les infligent, les parents ont toujours la possibilité d'apporter leur soutien à ces personnes. En ce cas, ils n'ont pas à faire respecter quoi que ce soit, ni à «se battre» pour obtenir gain de cause.

Prenons un exemple. Si votre fille ne fait pas ses exercices de trompette durant la semaine, elle s'attirera les foudres du professeur. La règle imposée par ce dernier pourrait être celle-ci : «Si tu ne t'exerces pas, tu ne pourras pas faire partie de l'orchestre.» Pour l'appuyer, vous auriez donc simplement à dire à votre enfant : «Cela peut paraître dur, mais c'est la règle. Alors, si tu tiens à jouer dans l'orchestre, tu sais ce qui te reste à faire.»

Évidemment, vous n'auriez pas à agir de cette façon si vous aviez l'impression que le professeur exagère. Mais méfiez-vous. Excédés d'avoir à lutter constamment pour obtenir que leur enfant fasse son travail en temps et en heure, certains parents ont les nerfs à vif. Tant et si bien que le jour où un enseignant, un chef scout, un professeur de musique ou un entraîneur lui infligent une sanction, ils montent sur leurs grands chevaux et deviennent surprotecteurs. Parfois, ils vont même jusqu'à s'allier à leur enfant en fournissant une excuse pour justifier sa négligence. Afin de ne pas tomber dans ce piège, vous aurez donc intérêt à laisser les enseignants et les responsables de groupes de jeunes veiller à ce que votre enfant respecte les règles en vigueur. Avec votre appui, ces personnes pourront aider votre enfant à surmonter sa tendance à la procrastination dans les domaines où elles interviennent, et vous n'aurez plus à vous battre sur ces fronts-là.

Un monument à la mémoire de la procrastination

Adultes et enfants ne peuvent manquer de s'apercevoir qu'il faut du temps pour modifier une habitude. Il arrive parfois qu'un changement se produise du jour au lendemain, mais il peut ensuite falloir travailler durant des mois avant que la nouvelle habitude ne soit vraiment bien ancrée.

Après chaque lessive, Françoise met dans une corbeille à linge les vêtements de sa fille, Jessica. Uniquement ceux qu'elle ne suspend pas dans la penderie de sa fille. Afin de pousser Jessica à ranger ces affaires rapidement, elle a décidé de placer la corbeille devant le sofa où l'adolescente s'assoit pour regarder la télévision. Mais cette tactique n'a pas apporté les résultats escomptés. «La corbeille reste au milieu du salon pendant des jours et des jours, raconte Françoise. Quotidiennement, je rappelle Jessica à l'ordre avec vigueur au moins une fois, mais elle ne fait rien : au début, elle enjambe la corbeille, puis quand le linge s'est tellement amoncelé qu'il la gêne pour voir l'écran, elle s'assied carrément sur la pile de vêtements. Cette corbeille est un véritable monument à la mémoire de la procrastination ; elle représente le combat épuisant que je mène et la résistance passive que m'oppose Jessica. »

De toute évidence, la corbeille ne gêne nullement Jessica, mais elle gêne sa mère, et les récompenses proposées par cette dernière ne réussissent pas à stimuler sa fille. En outre, la possibilité de porter des vêtements propres ne constitue pas une récompense suffisamment attrayante pour Jessica.

Un ami de Françoise lui a donc proposé la solution suivante : « Pourquoi ne déposerais-tu pas la corbeille dans la chambre de Jessica sans rien lui dire et ne cesserais-tu pas de lui faire des réflexions à propos du rangement de son linge propre ? Si c'est la *seule* chose qu'elle remet toujours au lendemain, laisse-lui donc ce petit geste de rébellion. Mais s'il y a beaucoup d'autres choses qu'elle reporte constamment, détermine celles qui sont les plus importantes et garde ton énergie pour te battre sur ces fronts-là. »

À mon avis, cette suggestion est on ne peut plus judicieuse : cela ne vaut pas la peine de crier sans cesse après un enfant (ni, éventuellement, de se quereller avec lui) pour obtenir qu'il range ses vêtements propres. Les forces physique et psychique sont trop précieuses pour qu'on les gaspille dans le train-train quotidien. Certes, il peut être utile d'instaurer une règle quand on ne veut pas laisser aller les choses. Françoise pourrait imposer à Jessica la règle suivante, par exemple : tu ne sortiras avec tes amis qu'après avoir rangé tes habits. Mais cela ne vaudrait pas le coup qu'elle s'engage dans une véritable bataille à ce sujet. Lorsque sa fille solliciterait la permission de sortir ou d'inviter une amie à coucher à la maison, elle aurait simplement à lui demander si ses vêtements sont rangés, et s'ils ne le sont pas, à lui dire : « Tu connais la règle, donc tu connais la réponse.» Jessica finirait ainsi par comprendre que son degré de liberté dépend uniquement d'elle et que dans la vie, quand on ne fait pas ce qu'on est censé faire, on est moins libre. Elle aurait reçu le message : fais ce que tu dois, et tu auras beaucoup plus de liberté.

> Battez-vous uniquement sur des points importants.

Le choix des récompenses

Une fois que vous aurez offert une récompense depuis un certain temps et établi des règles concernant les tâches à accomplir avant de bénéficier d'une récompense, vous devrez amener votre enfant à s'offrir lui-même des récompenses qu'il aura choisies.

À propos de semblable choix, je dois cependant vous prévenir d'une chose. Apparemment, quel que soit leur âge, les enfants réagissent tous de la même manière quand on leur parle de récompenses qu'ils pourraient s'offrir eux-mêmes : ils vous regardent avec un mélange d'intérêt et de perplexité, puis vous demandent : «Quel genre de récompense ?»

Alors, que faire ? Tout simplement établir avec votre enfant, au cours d'une séance de remue-méninges, une liste de récompenses possibles. Les récompenses ne nécessitent pas toutes que vous donniez ou accordiez vous-même quelque chose. Certaines consistent en des privilèges que l'enfant peut s'offrir lui-même, comme passer un moment avec des amis ou sur l'ordinateur. En ce cas, c'est à lui de déterminer de quelle manière occuper ses moments de liberté, en fonction de l'accomplissement ou non des tâches qui lui sont assignées.

Certaines récompenses de ce genre ne conviennent qu'aux enfants suffisamment mûrs pour être capables de s'autodiscipliner. Mais une fois les règles établies et appliquées depuis un certain temps, l'idée que le travail précède la récompense finit par être totalement intégrée à la routine.

Si une fillette de cinq ans sait pertinemment qu'après avoir nourri le chien, elle peut regarder un film, elle est tout à fait apte à s'offrir elle-même cette récompense : elle choisit un DVD, l'insère dans le lecteur et visionne le film. Elle n'a pas à attendre que son père ou sa mère puisse mettre le DVD en place, elle le fait toute seule.

Un garçon de 11 ans qui a décidé de se lever tôt un samedi matin afin de pouvoir pratiquer son piano avant d'aller jouer un match de base-ball se récompense aussi lui-même. Il en est pareillement de l'adolescent qui se dit : «Je ne me plongerai dans mon livre de science-fiction qu'après avoir fait mes devoirs.» Personne n'a à leur donner quoi que ce soit ni à les emmener quelque part pour les récompenser, ils s'offrent eux-mêmes la récompense de leur choix.

La discussion que vous engagerez à propos des récompenses possibles sera sans doute agréable et amusante, car il en est souvent ainsi. En outre, vous apprendrez peut-être des choses intéressantes au sujet de votre enfant. Si vous pensez savoir ce qu'il considère comme une bonne récompense, vous pourriez avoir des surprises.

Où et quand pourrez-vous entamer ce genre de conversation ? Pendant que vous faites la queue à la caisse d'un supermarché, tandis que vous attendez votre tour chez le dentiste ou durant un trajet en voiture, par exemple. Car un tel remue-méninges n'a rien à voir avec un entretien formel, au cours duquel les interlocuteurs, assis face à face, se regardent fixement.

En ce qui me concerne, je suis une partisane de la «communication en voiture». Et ce, pour plusieurs raisons :

1. Quand un adulte conduit des enfants quelque part, je ne sais si les jeunes passagers oublient qu'il est au volant ou s'il devient invisible, mais ils disent des choses qu'ils ne diraient jamais

devant lui en d'autres circonstances. C'est la raison pour laquelle je recommande toujours aux parents d'adolescents de proposer à leurs enfants de les emmener en voiture ici ou là. Bref, mettez votre casquette de chauffeur, et vous serez étonné de ce que vous découvrirez!

2. Certains enfants n'aiment pas les discussions en vis-à-vis, au cours desquelles les interlocuteurs doivent nécessairement se regarder. En voiture, assis près du conducteur ou sur la banquette arrière, ces enfants-là sont plus enclins à bavarder, car ils sont moins gênés.

3. Les adolescents redoutent parfois de s'engager dans une conversation susceptible, d'après eux, de durer une éternité (pour un adolescent, une «éternité», c'est environ trois minutes). Par conséquent, ils sont plus ouverts à la discussion lorsqu'ils savent pertinemment qu'elle se terminera très vite (quand ils se trouvent à un pâté de maison de leur destination, par exemple).

4. La plupart des enfants se révèlent plus disposés à parler avec les parents de leurs amis qu'avec leurs propres parents (souvenez-vous du temps où vous étiez enfant…). Je vous conseille donc d'alimenter la conversation durant les trajets où votre fille ou votre fils se trouve en la compagnie de copains et copines. De temps à autre, ceux-ci vous poseront des questions ou soulèveront une discussion, et votre enfant se mêlera sans doute à la conversation.

Des récompenses réalistes

Lors du remue-méninges sur les récompenses qui n'exigent pas l'intervention d'un adulte, votre enfant devra faire preuve de créativité (et vous devrez certainement vous montrer vous aussi créatif afin de l'aider). Que peut-il s'offrir lui-même? Dans un premier temps, cette question le laissera sans voix. Aussi devrez-vous lui donner quelques idées. S'il est tout jeune, il pourrait, après avoir accompli telle ou telle tâche, sortir ses crayons de couleur pour faire un dessin. S'il est plus âgé, il pourrait passer un coup de fil à son meilleur ami.

Avant tout, la récompense doit être attrayante. En effet, si elle n'intéresse pas votre enfant, bien qu'elle vous paraisse séduisante, elle ne le motivera pas du tout et finira dans la catégorie des stratégies inutiles. Quant à l'idée que l'achèvement d'un travail est une récompense en soi, rejetez-la tout de suite car elle est totalement erronée; elle ne se vérifie ni chez les enfants, ni chez les adultes. D'ailleurs, si elle était juste, pourquoi diable votre enfant reporterait-il toujours certaines tâches à plus tard?

La récompense doit également être quasi immédiate. Plus l'enfant est jeune, plus elle doit être obtenue rapidement après l'accomplissement de la tâche. À un petit, vous pourriez dire: «Dès que tu rentres de l'école, range toutes tes affaires à leur place et tu pourras tout de suite après jouer sur l'ordinateur.»

Durant la séance de remue-méninges, vous devrez aider votre fille ou votre fils à trouver des récompenses raisonnables, réalistes: de petites récompenses pour de modestes tâches, de plus grosses récompenses pour des tâches plus importantes. En effet, vous ne lui offrirez sûrement pas un voyage à Disney World parce qu'il a simplement fait le ménage dans sa chambre.

Si la récompense nécessite un effort de votre part, il vous faudra veiller à ce qu'elle soit acceptable. L'argent, par exemple, représente parfois un excellent stimulant. Mais certains enfants sont très gourmands: la somme qu'ils estiment susceptible de les motiver est considérée par leurs parents comme exorbitante, autrement dit insensée.

Daniel, âgé de quatre ans, sait qu'après le petit-déjeuner, il doit s'habiller, ramasser ses jouets, puis apporter ses chaussures à sa maman afin qu'elle l'aide à les mettre; ensuite seulement, il peut s'installer devant la télévision pour regarder ses dessins animés préférés. Sa mère a mis au point un mode de récompense fondé sur l'importance des tâches accomplies. Plus grand est le nombre de jouets ramassés, plus élevée est la valeur des pièces données en récompense. Grand amateur de dinosaures, Daniel met cet argent de côté jusqu'à ce qu'il puisse payer la moitié d'un nouveau dinosaure. Non seulement cet arrangement proposé par sa mère lui plaît beaucoup, car il aime voir les pièces s'amonceler dans sa tirelire, mais il lui apprend à épargner et à gérer un budget. Les jours où Daniel se montre récalcitrant, il est privé de télévision et perd, petit à petit, certains privilèges (du lait au chocolat, la location d'un film, etc.). Cependant, il comprend qu'en choisissant de faire ou non son travail en premier lieu, il détermine lui-même les conséquences de ses actes.

> De petites récompenses pour de petites tâches, de plus grosses récompenses pour de plus grosses tâches.

Pour sa part, Annie offre une pièce d'un cent à sa fille de cinq ans à chaque fois que celle-ci place son linge sale dans la buanderie sans avoir été rappelée à l'ordre. Avec cet argent, la petite peut ensuite obtenir auprès de sa mère une sucette, pour trois cents, ou une glace, pour cinq cents.

Les petits enfants aimant en général la compagnie de leurs parents, vous pourriez proposer à votre jeune procrastinateur le marché suivant: «Tu m'aides à mettre la table, et je jouerai avec toi au Uno ou au Jeu des serpents et des échelles.» Même si votre enfant est plus grand ou adolescent, il appréciera sûrement de partager avec vous une activité agréable, ou parfois même désagréable à ses yeux, car cela lui permettra de passer un moment avec vous.

Quoi qu'il en soit, les récompenses les plus stimulantes seront celles choisies par votre enfant. Par conséquent, réfléchissez avec lui à toutes les récompenses possibles en l'observant avec attention. Lorsque l'une d'elles le séduira, vous verrez son visage s'illuminer, à moins que vous ne vous trouviez face à un adolescent particulièrement maussade, qui préférerait mourir que de manifester de la joie.

Une fois la liste des récompenses ainsi dressée, placez-la bien en vue. Si votre fille ou votre fils ne sait pas lire, utilisez des dessins, des images ou des autocollants.

L'établissement d'une telle liste réclame des idées et de la créativité. Il pourrait donc être utile que vous interrogiez les enseignants, les employés de la garderie, la baby-sitter, autrement dit toutes les personnes qui s'occupent de votre fille ou de votre fils, sur les récompenses susceptibles de l'intéresser. Vous pourriez même demander à votre enfant de vous aider à trouver des récompenses pour vous-même, car il sera porté, surtout s'il est petit, à vous proposer les récompenses qui lui plairaient. En outre, une fois qu'il se sera prêté à cet exercice avec vous, il lui sera plus facile de découvrir les récompenses capables de le motiver.

Si les moments de loisir sont souvent la plus belle des récompenses pour les adultes, ils le sont aussi pour les enfants. Nora Bennett, éducatrice spécialisée, en sait quelque chose : en guise de récompense, elle accorde toujours à ses élèves 25 minutes de temps libre en fin de journée. «Tout élève s'étant bien comporté dans la journée, ayant terminé les travaux donnés en classe et fait ses devoirs gagne du temps de loisir, explique-t-elle. Il peut profiter de ce moment pour s'adonner à une activité calme à l'intérieur de l'école ou, par beau temps, pour participer à une activité en plein air. C'est le meilleur outil que j'aie trouvé.

«Tout le monde désire avoir des moments de liberté. Certains enfants veulent avoir le loisir de feuilleter les livres contenus dans la bibliothèque de la classe, d'autres celui de jouer à des jeux de société, d'utiliser un ordinateur, de discuter tranquillement avec leurs camarades ou de dessiner. Et quand le temps le permet, pratiquement tous ont envie d'aller dehors, le plus souvent pour jouer au ballon. Comme j'ai une assistante, nous pouvons surveiller chacune un groupe.»

Être un bon guide

Une lettre que m'a adressée une femme, de toute évidence très lucide, démontre à quel point il est déplorable de ne pas guider un enfant procrastinateur pour l'aider à vaincre sa tendance. Voici la teneur de cette lettre :

> J'ai aujourd'hui 31 ans. Quand j'étais enfant, mes problèmes scolaires étaient essentiellement dus à ce que j'attendais toujours la dernière minute pour me mettre à l'ouvrage. De ce fait, j'étais obligée de faire mes devoirs à la hâte, j'avais honte du résultat et j'avais en général de mauvaises notes. À la longue, ces facteurs m'ont mené à une piètre estime de moi-même (bien que, à cet égard, ce ne furent pas les seuls facteurs en cause) et à un incoercible sentiment d'impuissance, qui, hélas, persistent encore en partie.
>
> Je ne blâme pas mes parents, mais j'aurais aimé qu'ils me poussent davantage à étudier. Si je n'ai jamais travaillé beaucoup ni consacré le temps voulu à mes devoirs, c'est parce que personne ne me demandait de rendre des comptes ; autrement dit, personne ne me considérait comme responsable. Chaque fois que je cédais à la procrastination pour finalement préparer un examen la veille au soir (ce qui était le cas 99 fois sur 100, car je ne savais pas m'y prendre autrement), je récoltais invariablement une mauvaise note. Par la suite, j'avais droit au sermon : «Nous savons que tu es loin d'être bête et que tu

pourrais faire mieux. Alors, si tu n'as pas une bonne note au prochain examen, tu seras privée de… » et blablabla et blablabla. À l'époque, cette attitude me paraissait sensée, mais avec le recul, je trouve aberrant que personne ne m'ait jamais *montré* comment scinder un travail et traiter chaque partie l'une après l'autre de sorte que la tâche ne semble pas colossale. Vous comprenez, on ne m'a jamais montré comment planifier mon travail scolaire, comment m'organiser pour consacrer le temps nécessaire à chaque matière.

En conclusion, il me paraît essentiel que les parents travaillent *avec* leurs enfants sur ce point-là. C'est ainsi qu'ils peuvent les mener à la réussite – et non en se contentant de leur commander de réussir et de les sermonner quand ils échouent.

Fort probablement, votre enfant ne se réjouit pas de tout remettre au lendemain, mais il n'arrive pas à se comporter autrement. C'est donc à vous de l'aider à trouver une façon différente d'accomplir ses diverses tâches.

CONSEILS À PARTAGER AVEC VOTRE ENFANT

Voici les **cinq R** de la récompense :

Réflexion : la découverte d'une belle récompense nécessite que votre enfant réfléchisse à la question avec vous et mette à profit sa créativité. Que pourrait-il s'offrir lui-même ?

Réalisme : la récompense doit être réaliste, raisonnable ; ce serait sans doute fantastique de visiter Disney World, mais vous n'offrirez pas ce voyage coûteux à votre enfant simplement parce qu'il a mis de l'ordre dans sa chambre.

Règle : la récompense est soumise à la règle selon laquelle on doit terminer son travail *avant* de s'amuser.

> **R**éaction : la récompense doit être suffisamment attrayante et stimulante pour inciter votre enfant à réagir, c'est-à-dire à se comporter différemment.
>
> **R**apidité : la récompense doit être quasiment immédiate ; votre enfant doit pouvoir en bénéficier peu après avoir terminé ses devoirs ou toute autre tâche.

TRAVAIL EN ÉQUIPE

Questions à discuter

- D'abord le travail, ensuite la récompense.
- Lorsqu'un enfant ne remet pas au lendemain ce qu'il a à faire, les conséquences de ses actes sont positives (c'est donc à votre enfant de déterminer si «la vie est belle» ou non).
- Les listes peuvent être utiles.
- Votre enfant a-t-il besoin d'une aide quelconque pour dresser une liste ?

ÉTAPE SUIVANTE

Idées à mettre en application

- En équipe, faites la liste des récompenses possibles (vous pourriez être surpris par ce que votre enfant considère comme une récompense) *ou*
- Établissez la liste de ce que vous pourriez offrir à votre enfant pour le récompenser d'avoir fait certaines tâches (argent, transport, repas spécial, etc.).
- Dressez la liste des récompenses que votre enfant pourrait s'offrir lui-même après avoir accompli certaines tâches (privilèges : passer un moment avec ses amis, utiliser l'ordinateur, regarder la télévision).

- De temps à autre, organisez une soirée ou une journée spéciale si vous voyez que votre enfant fait des efforts pour lutter contre la procrastination.
- Veillez à mettre en application les règles établies afin que votre enfant sache bien qu'il s'agit de vraies règles.
- Prenez la décision de conduire plus souvent votre enfant et ses copains ici ou là.
- Expérimentez la «communication en voiture»; demandez à vos jeunes passagers s'il y en a parmi eux qui remettent souvent à plus tard ce qu'ils ont à faire.

CHAPITRE 3

LE SENTIMENT D'ÊTRE DÉBORDÉ

Tous, nous nous sentons découragés et épuisés lorsque nous sommes submergés de travail. Eh bien, les enfants éprouvent exactement la même chose quand ils se trouvent face à plusieurs tâches à accomplir. Mais, contrairement à nous, ils ne savent pas comment réagir de façon constructive à un tel stress.

Les enfants se sentent vite débordés. Dès qu'ils ont plus d'un devoir ou plus d'une tâche à faire, ils ont l'impression d'être devant un travail colossal dont ils ne pourront jamais venir à bout. S'ils doivent ranger leur chambre au complet – placer leurs vêtements propres et leurs jeux, mettre leur bureau en ordre, ramasser les papiers qui traînent partout, ranger leurs disques, porter leur linge sale dans la corbeille, etc. –, ils ne savent par où commencer. Ils ne comprennent pas que le secret, c'est de diviser le travail en petites tâches puis de les accomplir l'une après l'autre, plutôt que d'essayer de faire tout à la fois. Cette stratégie est peut-être évidente pour un adulte, mais elle ne l'est nullement pour un enfant. C'est une méthode qu'il doit apprendre, une nouvelle faculté qu'il doit acquérir.

Chaque jour, en fin d'après-midi, les deux bambins de Michèle étaient débordés et désemparés au moment où ils devaient ranger tous les jouets qu'ils avaient sortis durant la journée. Michèle devait absolument trouver un moyen de les aider. Elle se souvint qu'à la garderie où elle laissait l'aîné avant qu'elle n'arrête de travailler, il y avait une règle : quand on a fini de s'amuser avec des jouets, on les range avant d'en prendre d'autres. Les camions et les voitures devaient être remis à leur place avant de sortir les cubes, les cubes devaient être rangés avant de jouer avec les ballons et ainsi de suite. Dans la mesure où elle gardait désormais ses enfants elle-même, Michèle décida d'instaurer cette règle dans la maison.

Au départ, son fils de cinq ans s'accommoda très facilement de cette nouvelle règle, mais son petit frère, âgé de trois ans, ne s'y plia pas. Michèle acheta donc un joli petit placard en bois qui pouvait être fermé à clef. Quasiment tous les jouets pouvaient y être rangés. Ceux qui ne pouvaient l'être furent placés ailleurs, pour être ressortis et remplacés par d'autres quelques mois plus tard. À présent, dès qu'ils ont fini de s'amuser avec certains jouets, les deux garçonnets les «échangent» contre ceux avec lesquels ils veulent jouer. Cela n'ennuie pas leur mère d'être dérangée à chaque fois pour ouvrir le meuble, car elle ne l'est pas aussi souvent qu'on pourrait l'imaginer. Michèle est fière d'avoir appris à ses enfants à ranger les objets nécessaires à une activité avant de passer à une autre activité : il s'agit là d'une habitude qui leur sera utile toute leur vie dans bien des domaines. Mais le plus important, c'est que ses fils ne sont plus jamais submergés de travail ; ils n'ont plus à ranger chaque soir une multitude de jouets éparpillés çà et là.

Je vous recommande vivement d'encourager votre enfant à élaborer un plan avant de s'engager dans une tâche complexe. Demandez-lui de choisir tout d'abord un devoir ou une petite tâche, puis de se concentrer uniquement sur ce premier point. S'il doit ranger sa chambre au complet, pourquoi ne commencerait-il pas par s'occuper de ce qui traîne sur le lit, avant de passer aux affaires dispersées sur le sol ? Ou par ramasser ses vêtements, avant de trier les papiers éparpillés partout ?

Votre enfant sait-il que pour manger une assiette pleine, il faut prendre une bouchée après l'autre, ou que pour parcourir un kilomètre, il faut avancer d'un pas à la fois? Outre lui donner des exemples de ce genre, expliquez-lui comment, dans les moments où vous vous êtes trouvé face à un travail énorme, vous avez divisé ce travail en petites tâches facilement réalisables.

CONSEILS À PARTAGER AVEC VOTRE ENFANT

Quand on a trop de choses à faire,

on pense qu'on ne pourra pas s'en sortir.

Le truc consiste à partager le travail en petites tâches,

puis à choisir celle que l'on va accomplir sur le champ.

Quand l'enfant se sent débordé

À tout âge, on peut être débordé de travail. Même quand on ne va pas encore à l'école. C'est pourquoi on peut éviter qu'un enfant ne sombre dans la procrastination en l'aidant dès son plus jeune âge à mener à bien les tâches qui lui paraissent colossales. Plus tard, cette aide est tout aussi appropriée, car l'enfant est alors en mesure de comprendre certaines idées abstraites. «Quand j'étais à l'école primaire, je reportais toujours mes devoirs à plus tard, jusqu'au moment où je devais aller me coucher, se souvient Sarah. Bien sûr, il était alors trop tard pour que je les fasse. Aussi, je me torturais l'esprit pendant des heures dans mon lit, en songeant à la réaction de l'institutrice et à mon embarras d'être réprimandée devant toute la classe.»

Les enfants de tous les âges peuvent être anxieux en raison de leur incapacité à s'atteler à une tâche, mais les petits verbalisent rarement cette anxiété. À partir d'un certain stade, les enfants sont capables de dire: «Je redoute vraiment cet examen», «Ce compte rendu de lecture me rend malade» ou «J'ai mal à la tête à la seule pensée de cette demande d'inscription à remplir.» Cependant, il n'en demeure pas moins que certains ont du mal à cerner leurs sentiments et à les exprimer lorsqu'ils sont submergés de travail.

Par conséquent, si vous savez que votre enfant se trouve face à une tâche si considérable à ses yeux qu'il l'évite en la remettant toujours au lendemain, n'hésitez pas à l'interroger sur ce qu'il ressent. Demandez-lui, par exemple : «As-tu toujours l'estomac serré à l'idée de devoir apprendre par cœur les répliques du personnage que tu dois jouer?»

Si votre enfant admet qu'il est anxieux, vous pouvez lui expliquer que l'inaction nourrit ce type d'anxiété. Moins on agit dans le but de mener à bien une tâche qu'on redoute, plus on se sent mal. En revanche, plus on consacre du temps et de l'énergie à réaliser une tâche que l'on a trop longtemps reportée, moins on se sent anxieux. Au-delà d'un certain âge, tous les enfants saisissent cela. Au-dessous, certains le comprennent, d'autres non. De toute façon, vous ne perdrez rien à tenter d'expliquer ce mécanisme à votre fille ou votre fils, au besoin à l'aide d'un exemple tiré de votre propre expérience en la matière. En outre, vous pouvez l'aider à concevoir un plan d'action en lui donnant quelques conseils, tels que :

- «Ce soir, lis simplement un chapitre du livre dont tu dois faire le compte rendu. Pas tout le livre, juste un chapitre.»
- «Pour mieux retenir les répliques que tu dois dire, enregistre-les sur une cassette, puis écoute cette cassette chaque fois que tu en auras l'occasion, y compris avant de t'endormir.»
- «Pour ta demande d'inscription, inscris au fur et à mesure, dans un carnet, tout ce que tu dois fournir. Ainsi, dès que tu auras le temps de la remplir, tu auras sous la main tous les renseignements voulus et la liste complète des documents requis.»
- «Avec ton ami, conviens d'un jour pour travailler ton examen final. Et durant cette période de travail, ne vous laissez pas aller à bavarder ou à flemmarder (du moins, pas trop). Ne vous permettez pas non plus de grignoter avant d'avoir au moins bûché sérieusement pendant une bonne heure.»

Si votre enfant est anxieux, ces explications et suggestions lui permettront d'être instantanément soulagé. En effet, dès qu'on agit *d'une
manière quelconque* en faveur de l'accomplissement d'une tâche que
l'on ne cesse de remettre au lendemain, l'anxiété ressentie face à cette
tâche tend à diminuer.

Dresser la liste des choses à faire

Face à un travail énorme qu'ils ne cessent de reporter à plus tard ou
qui éveille en eux le sentiment d'être débordés, les adultes sont en
général anxieux ou très tendus. Toutefois, dès qu'ils ont dressé leur
liste des diverses choses à faire, ils ont l'impression de mieux maîtriser la situation et se sentent beaucoup mieux. Cela vaut donc la peine
d'apprendre aux enfants à planifier leur travail en commençant par
établir la liste des tâches à accomplir.

    Il existe différentes façons d'apprendre à un bambin à dres-
ser une liste de tâches, qu'elle corresponde à un projet de grande
envergure scindé en différentes parties ou à diverses petites
tâches à exécuter. Évidemment, on peut l'aider à établir pareille
liste au moment où, tout désemparé, il ne sait par où commencer.
Mais on peut aussi l'aider en lui montrant l'exemple. On peut lui
parler de nos propres listes de choses à faire. Ou bien laisser de
telles listes bien en vue, placées tour à tour sur la porte du réfrigérateur, par exemple. Ou encore rayer sur les listes chaque travail effectué en lançant avec enthousiasme : «Voi... làààà ! j'ai fini ;
encore une chose de faite.»

    Olivia a mis au point une stratégie amusante pour donner à sa fille
Anne, âgée de trois ans, une habitude qui l'aidera à résister à la
tentation de tout remettre au lendemain.

Dans ma routine quotidienne, j'ai inclus deux tâches importantes à mes yeux : dresser la liste de tout ce que je veux faire dans la journée, puis passer cette liste en revue avec ma fille au moment où nous prenons tranquillement notre petit-déjeuner. Ainsi, lorsque je suis très occupée par les travaux domestiques ou que je dois faire un tas de courses l'après-midi, Anne sait parfaitement ce que nous ferons durant la majeure partie de la journée. Je pense que cela l'aide beaucoup d'avoir un plan, que nous respectons généralement à la lettre.

Il y a aussi un autre élément aussi utile pour moi que pour elle : un dossier spécial, dans lequel je note toutes les activités que ma fille voudrait faire (j'ai d'ailleurs fini par ouvrir aussi un dossier pour celles qui me tentent moi-même). Quand Anne a une idée et que je sais pertinemment que nous ne pourrons la mettre en application sur-le-champ, je propose de l'inscrire dans son dossier de projets. Cette solution me convient mieux que celle consistant à expliquer à ma fille qu'elle et son projet tombent au mauvais moment. Elle nous permet de savoir toutes les deux que telle ou telle activité passera en priorité à un autre moment. Et les jours de pluie, c'est fantastique d'avoir un dossier plein de projets attrayants à ses yeux !

Quand on tente d'apprendre à des enfants à dresser des listes, les uns passent à l'action instantanément, les autres non. Certains semblent même ne pas être le moindrement intéressés par ce petit truc pourtant très utile. Puis, quelques semaines ou quelques mois plus tard, on revient sur le sujet, et ils nous regardent les yeux écarquillés en disant : « C'est pas une mauvaise idée. Je pense que je vais essayer ça. »

Par conséquent, ne soyez pas étonné si votre enfant ne réagit jamais quand vous lui conseillez d'établir la liste de ses tâches. Un jour, il vous annoncera que son entraîneur est vraiment super, car il lui a donné une idée géniale : dresser la liste des choses qu'il doit faire. Si vous n'avez jamais vécu une expérience similaire, ne vous inquiétez pas, cela vous arrivera un jour ou l'autre.

Établir des priorités

Dans leur prime enfance, les enfants n'ont pas le sens du temps et plus tard, ils ne savent généralement pas estimer le temps qu'il leur faudra pour accomplir une tâche ou faire un devoir. Un écolier se dit ceci : « Je n'ai pas le temps de faire ce travail maintenant. Je vais attendre d'avoir tout un samedi de libre pour le faire. » Ou bien il vous affirme : « Je suis sur mes devoirs depuis près de deux heures », alors que chaque fois que vous êtes passé près de lui, vous l'avez vu tourner en rond, contempler le plafond le stylo en l'air ou tripoter nerveusement sa règle, mais jamais penché sur un livre. Pourtant, il est *persuadé* d'avoir travaillé tout ce temps-là.

À présent, le moment est venu d'expliquer à votre fille ou votre fils ce qu'est une priorité. S'il n'est pas encore en âge d'aller à l'école, ne pensez pas qu'il est incapable de comprendre ce que signifie le mot *priorité*. Vous lui avez appris à diviser son travail en petites tâches, il s'agit maintenant de l'aider à déterminer la plus importante de ces tâches, c'est-à-dire celle qu'il doit accomplir *en premier*.

Donner le sens du temps

L'un des meilleurs moyens d'aider un enfant à acquérir le sens du temps dans l'accomplissement de ses tâches est de lui fournir un minuteur.

L'astuce consiste à régler le minuteur sur un certain laps de temps, au cours duquel le jeune procrastinateur devra se consacrer à sa tâche principale, sa priorité numéro un. Pour un enfant âgé de plus de 12 ans, la durée programmée peut être de 60 minutes ; pour un enfant de 6 à 12 ans, de 30 minutes ; pour un enfant d'âge préscolaire, de 5 à 10 minutes seulement.

Toutefois, ce sera à vous de déterminer la durée la plus appropriée à la faculté de concentration de votre enfant. Au départ, il ne sera peut-être pas capable de se focaliser sur une tâche plus de 5 ou 10 minutes. Cette durée vous semblera sans doute très courte, mais ne vaut-il pas mieux qu'il travaille pendant quelques minutes plutôt que de ne rien faire du tout ? Ce dont vous devrez tenir compte, ce n'est pas uniquement l'âge de votre enfant, mais aussi sa capacité de fixer son attention sur un sujet (autrement dit, le temps qu'il est capable de rester concentré sur une tâche) et son degré d'énergie. Certains enfants de 8 ans sont capables de travailler une heure durant sur un devoir sans lever le nez, alors que certains adultes sont incapables de demeurer concentrés plus de 20 minutes d'affilée sur leur travail.

Si votre enfant a de la difficulté à fixer son attention, commencez par programmer le minuteur pour qu'il sonne au bout de 10 minutes seulement. Cependant, tant que la sonnerie n'aura pas retenti, il devra respecter deux règles très simples :

1. Travailler uniquement sur la tâche prioritaire (Il n'est pas question qu'il se mette à faire mille autres petites choses) ;
2. Ne faire aucune pause (En tant qu'ancienne procrastinatrice, je sais pertinemment qu'à force de s'accorder des pauses, un fieffé procrastinateur peut mettre deux mois à effectuer un petit boulot d'une demi-heure).

Conseils à partager avec votre enfant

Les **cinq C** de la lutte contre le sentiment d'être débordé :

Choix : choisir une tâche que l'on reporte sans cesse ;

Chronométrage : consacrer une heure complète (ou moins) à la tâche choisie ;

Concentration : fixer son attention uniquement sur cette tâche ;

Continuité : ne faire aucune pause ;

Cadeau : s'offrir une récompense une fois la tâche accomplie.

À propos des minuteurs, il est à signaler qu'on en trouve souvent dont la forme est à la fois amusante et attrayante. Par conséquent, si votre fille ou votre fils trouve utile de chronométrer son temps de travail, offrez-lui un joli minuteur. Sinon, chaque fois qu'un membre de la famille se servira du minuteur de cuisson, votre enfant devra courir dans toute la maison pour le retrouver. Et quand vous irez lui acheter son minuteur, emmenez-le avec vous et laissez-le choisir le modèle qu'il préfère.

Un dernier conseil : quand le minuteur sonnera pour annoncer la fin du temps de travail, offrez une récompense à votre enfant.

Combattre les étourderies

Pour qu'un enfant acquière le sens de l'organisation, il faut parfois lui fournir un soutien supplémentaire. Lorsqu'il oublie vraiment de faire certaines choses – sortir le chien, passer un coup de fil, étudier en vue d'un examen, prendre sa douche ou préparer son sac d'école, par exemple –, il peut être utile de l'aider à s'organiser de telle sorte que ses listes soient efficaces. Lui faut-il du papier spécial, une ardoise ou tout autre matériel de ce genre pour écrire ses listes ? Lui faut-il un endroit où les placer afin qu'elles soient toujours bien visibles? Faut-il aller voir dans un magasin de fournitures de bureau – avec ou sans l'enfant – s'il n'y aurait pas des articles qui lui seraient utiles? Peut-être aurait-il besoin d'un tableau en liège où punaiser ses listes et ses mémos, d'un carnet spécial où les inscrire, d'une sacoche pratique pour transporter ses livres, ses cahiers et autre matériel scolaire, ou bien d'un classeur dans lequel il pourrait rassembler ses papiers? Tous ces petits détails qui facilitent l'organisation du travail, un enfant a besoin qu'on l'aide à les découvrir.

Pour un bambin ne sachant pas lire, il faut se servir d'un grand emploi du temps que l'on peut accrocher sur un mur et sur lequel on peut placer des autocollants ou des images – comme celle d'une brosse à dents pour lui rappeler qu'il doit brosser ses dents après les repas, par exemple.

Tout comme les adultes, les enfants doivent trouver un moyen de se rappeler certaines choses. Si le vôtre ne fait pas ses devoirs, son problème n'est peut-être pas de *faire* ses devoirs, mais de *se souvenir* qu'il a des devoirs à faire. Vous devez donc l'aider à mettre au point une méthode grâce à laquelle il pensera toujours à faire ses devoirs.

Asseyez-vous tranquillement avec votre enfant et demandez-lui de vous expliquer, étape par étape, comment cela se passe à l'école quand on lui donne des devoirs et comment il s'organise pour avoir tout le matériel nécessaire pour les faire. Arrangez-vous pour lui poser des questions qui lui permettent de trouver lui-même les solutions à ses problèmes. Autrement dit, évitez à tout prix de lui souffler les réponses. Laissez-le prendre lui-même les décisions adéquates, car il s'en tiendra plus facilement à ses décisions qu'aux vôtres. Posez-lui les questions suivantes, par exemple:

- «Ton instituteur écrit-il les devoirs sur le tableau?»... «À quel moment?»
- «As-tu besoin d'un cahier spécial pour inscrire tes devoirs?»

- «À l'école, à quel moment notes-tu tes devoirs?»
- «À la fin des cours, où sont tes livres? Sur ton bureau, dans ton cartable ou dans le vestiaire?»
- «Comment t'organises-tu pour savoir exactement ce dont tu auras besoin pour faire tes devoirs à la maison?»
- «Où te trouves-tu lorsque tu réfléchis à ce que tu dois ramener à la maison pour faire tes devoirs?»

N'hésitez pas à bien faire le tour de la question avec votre enfant. Si vous réussissez à ce qu'il change légèrement de cap, tout le monde y gagnera. Mais ne vous attendez pas à ce qu'il effectue un virement de bord complet du jour au lendemain. N'oubliez pas qu'en lui apprenant à lutter contre le sentiment d'être submergé de travail, vous l'amenez à découvrir des notions et des techniques que de nombreux adultes n'ont jamais saisies. Et vous lui offrez ainsi un cadeau inestimable : l'espoir de se sortir d'une situation pénible.

TRAVAIL EN ÉQUIPE

Questions à discuter
- Comment diviser un gros travail en petites tâches.
- Agir entraîne la disparition de l'anxiété éprouvée quand on se sent submergé de travail.
- Le sentiment d'être débordé.
- Avez-vous l'habitude, votre enfant et vous-même, de faire des listes? Si vous n'en dressez jamais, pour quelle raison ne le faites-vous pas? Illustrez la question en racontant à votre fille ou votre fils des histoires en rapport avec la rédaction de listes.

ÉTAPE SUIVANTE

Idées à mettre en application
- Achetez un minuteur, un joli minuteur.
- Allez voir dans un magasin de fournitures de bureau s'il y aurait des articles susceptibles d'aider votre enfant à s'organiser.
- En collaboration avec votre enfant, dressez la liste de ce dont il a besoin pour effectuer le travail qu'il remet toujours au lendemain. Il lui faut peut-être un emploi du temps où seront inscrites ses différentes tâches, un endroit où faire ses devoirs ou bien un horaire établi chaque soir en fonction du travail qu'il a à faire?
- Achetez tout ce dont votre enfant a besoin.

CHAPITRE 4

LES TÂCHES DÉSAGRÉABLES

Lorsqu'ils se trouvent dans l'obligation de faire un travail qu'ils détestent, adultes et enfants vivent la même expérience douloureuse. Ils remettent constamment cette corvée au lendemain, ils se sentent coupables de se comporter ainsi et ils redoutent le moment où ils s'attelleront à la tâche. Ils passent ainsi de mauvais quarts d'heure, mais ils ne s'efforcent pas pour autant de se débarrasser au plus vite de ce travail rebutant.

Pour résoudre le problème des tâches que votre enfant exècre, la première étape consiste à ce que vous parliez avec lui de toutes celles qu'il reporte sans cesse. Choisissez une tâche particulièrement désagréable à ses yeux et essayez de découvrir ensemble pourquoi elle le rebute tant. Cette question ne nécessite pas que vous en discutiez longuement et sérieusement, face à face, les yeux dans les yeux. Vous pouvez très bien l'aborder durant un petit trajet en voiture, ce qui donnera à la conversation une tournure plus légère, moins inquiétante.

Au cours de cette étape, encouragez votre enfant à trouver lui-même les moyens de résoudre son problème. Car, là encore, il sera plus porté à mettre en application les solutions sorties tout droit de son imagination que celles dictées par vous. Nous ne sommes pas enclins à rejeter les idées qui sont les nôtres.

Lors d'une promenade, Sylvie demande à sa fille Élisabeth, âgée de six ans : «Dis-moi, pourquoi tes vêtements sont-ils toujours éparpillés dans ta chambre?» Elle est quasiment certaine de la réponse : Élisabeth n'a pas le temps de les placer, parce qu'elle est toujours pressée.

Cependant, durant leur petite conversation à ce sujet, Sylvie est ébahie de découvrir que sa fille semble avoir hérité de sa forte tendance à rechercher la perfection. «Je n'arrive pas à faire tenir mes habits sur ces cintres idiots, lui explique Élisabeth. Je déteste ces cintres. Et quand je range des vêtements dans les tiroirs, ils sont tout écrasés, alors après, ils sont tout chiffonnés, et j'ai horreur de ça. Et quand j'essaie de bien empiler mes affaires, tout tombe.» C'est la première fois que Sylvie voit et entend la fillette exprimer non seulement sa frustration, mais aussi sa ferme résolution de ne pas ranger du tout ses vêtements, puisqu'elle ne peut pas le faire «bien».

Finalement, Élisabeth se tait. Sylvie enchaîne en lui demandant : «Alors, qu'est-ce qu'on pourrait faire pour que ta chambre ne soit plus tout en désordre?» Il s'ensuit un flot de plaisanteries et de suggestions comiques, telles que celle-ci : «Tu n'as qu'à me donner ton armoire, maman.» Puis, Élisabeth lance sur le ton du défi : «Ma meilleure amie, elle, elle a des cintres formidables, qui empêchent les vêtements de tomber. Pas des cintres stupides, comme les miens.» Par ailleurs, elle est certaine d'avoir besoin de tiroirs supplémentaires, car *il faut* que ses pulls soient rangés à part (toujours ce sacré perfectionnisme!). Enfin, dernier point mais non le moindre, elle a besoin de ce «truc qu'on met à l'intérieur d'une armoire, sur la porte, et où on peut accrocher les ceintures [elle n'en a qu'une seule!], les colliers et les bracelets».

De retour à la maison, Sylvie emmène la fillette dans le sous-sol pour lui montrer une grosse table de nuit avec deux tiroirs qu'elle a remisée là. Élisabeth déclare aussitôt que ce meuble serait parfait pour ses pulls. Deux jours plus tard, la mère et la fille repeignent la table de nuit d'une couleur assortie à celles de la chambre d'Élisabeth. La petite est aux anges. Elle est tout aussi ravie des cintres (pas «stupides», non, «fantastiques») que sa mère lui a achetés. Peu après, pour la récompenser de son attitude exemplaire (et parce que l'objet ne coûtait pas cher), Sylvie lui offre le curieux gadget à placer sur la porte de l'armoire.

Dans les mois qui suivent, Sylvie est étonnée des énormes progrès de sa fille. Non seulement Élisabeth s'est dès le départ montrée résolue à ranger ses vêtements en leur lieu et place, mais elle se tient à sa décision.

De leur côté, Paul et Monique décident un soir d'aborder avec leur fils de dix ans, Benoît, le problème épineux des devoirs. Ils proposent à Benoît de l'aider à dresser la liste de tout ce qu'il lui faut pour faire ses devoirs. La première chose que note le jeune garçon, c'est «un endroit». Surpris, Paul lui demande: «Que veux-tu dire par "un endroit"? Tu as un grand bureau dans ta chambre.» Benoît lui explique que ce n'est pas un bon endroit. C'est un lieu où il se sent isolé et où il déteste travailler. Paul et Monique lui soumettent donc plusieurs idées quant à l'endroit où le bureau pourrait être déménagé. Mais Benoît les rejette l'une après l'autre. Il ne veut tout simplement pas faire ses devoirs sur ce bureau.

Excédé, Paul conclut: «C'est sur ton bureau que tu dois travailler, un point c'est tout!» Et il sort de la pièce comme une trombe. À la différence de son mari, Monique reste tranquillement assise et demande à Benoît: «Où voudrais-tu faire tes devoirs?»

«Sur la table de la salle à manger», lui répond son garçon.

Monique ne voit pas d'objection à ce qu'il fasse ses devoirs à cet endroit, mais elle lui fait remarquer qu'il sera gêné par le son de la télévision provenant du salon, ainsi que par les allées et venues de ses petites sœurs. C'est peine perdue: Benoît n'en démord pas, il veut s'installer dans la salle à manger. Alors, Monique accepte, et ils continuent tous deux d'établir la liste du matériel nécessaire : du papier, un stylo, des crayons et un taille-crayon. De la pièce voisine, Paul les interpelle : « Vous allez passer toute la soirée à vous creuser la tête sur les fournitures scolaires ? »

Finalement, Benoît avait trouvé la solution : il allait ranger tout son matériel dans le plus grand tiroir de son bureau et, chaque soir, juste après le repas, il rassemblerait tout ce dont il aurait besoin et viendrait travailler dans la salle à manger – sans que personne n'ait à lui rappeler qu'il avait des devoirs à faire. Quant à sa mère, elle lui avait promis que s'il respectait son engagement durant un mois, il pourrait camper une nuit dans le jardin, comme il avait envie de le faire depuis quelque temps. Par la suite, elle dut néanmoins le rappeler à l'ordre à maintes reprises, mais à chaque fois, Benoît se mit au travail sans discuter. Progressivement, ses notes grimpèrent, et il put réaliser son rêve : passer une nuit sous la tente, dans le jardin. Aujourd'hui, il fait encore ses devoirs sur la table de la salle à manger. Et ses parents ne savent toujours pas pourquoi il ne les fait pas sur son bureau. D'ailleurs, Benoît ne le sait pas non plus.

Ces exemples démontrent combien il peut être efficace de déterminer les tâches rebutantes, puis leurs éléments les plus déplaisants. En l'échange de ce « travail » de débroussaillage, il est souhaitable d'offrir à l'enfant de l'aider durant un certain temps à accomplir ces tâches, afin d'essayer de trouver avec lui des petits trucs pour les rendre moins désagréables. Cette stratégie donne en général l'élan voulu pour amorcer un changement.

Le simple fait de clarifier avec l'enfant la question des tâches fastidieuses comporte deux autres avantages. Primo, il est fréquent que de ce genre de discussion jaillissent tout naturellement les solutions au problème. Secundo, même s'il ne le montre pas, l'enfant est sensible à cet effort fourni dans le but de l'amener à découvrir des moyens de s'atteler à une tâche rebutante. Autrement dit, il s'agit encore d'une façon de prouver à un enfant qu'on s'intéresse à lui.

Engager le dialogue

Ce matin-là, comme tous les jours de classe, Nicole conduit à l'école son aînée de 15 ans, Justine. En cours de route, elle lui parle d'une tâche ménagère qu'elle repoussait toujours parce qu'elle la détestait : faire la lessive ; mais après avoir réfléchi à la question, elle s'était aperçue que ce dont elle avait horreur, c'était seulement plier le linge et le ranger. Puis, elle demande à Justine quel est le travail le plus désagréable pour elle. Et elle reçoit la réponse typique de l'adolescence : « J'sais pas. »

Devant cette réplique on ne peut plus vague, Nicole enchaîne : « Moi non plus, je n'ai pas trouvé d'emblée ce qui m'assommait le plus. Mais lorsque je me suis vraiment forcée à y réfléchir, j'ai découvert ce que je n'aimais pas du tout faire, et même les raisons de cette aversion. »

Nicole n'en dit pas plus, mais elle espère que sa fille se montrera curieuse de connaître ces raisons. Au terme d'un long, d'un très long silence, juste au moment où Nicole allait relancer la conversation, la question arrive enfin, posée d'une voix morne et revêche : « Alors, c'est quoi, ces raisons ? »

« Eh bien, d'une part, c'est *ennuyeux* et, d'autre part, on ne peut rien faire pour s'en débarrasser plus vite, lui explique Nicole. Alors maintenant, quand je plie le linge, j'en profite pour passer les coups de fil que je n'ai pas le temps de passer habituellement. Tu sais à présent que si tu veux avoir des nouvelles fraîches de la famille, il te suffit de t'adresser à moi dès que j'ai fini de plier le linge. Et pour mon anniversaire, j'aimerais que toi et tes frères, vous vous mettiez avec votre père pour m'offrir un casque téléphonique avec micro. Avec ce genre d'appareil, je n'aurais plus à me tordre le cou pour coincer le combiné, et vous, vous auriez une mère moderne.

« J'ai même trouvé un autre remède à l'ennui durant le pliage du linge. Depuis des mois, je voudrais écouter une cassette sur laquelle est enregistrée la lecture d'un livre. J'avais décidé de l'écouter pendant que je plie le linge, sauf que, désormais, je ne m'ennuie plus pendant cette corvée.»

À ce point de son quasi-monologue, Nicole s'aperçoit que l'école n'est plus très loin. Sur le ton de la blague, elle s'empresse donc de lancer à sa fille: «Je ne te laisserai pas sortir de la voiture tant que tu ne m'auras pas dit quelle est la tâche la plus désagréable, la plus ennuyeuse, la plus stupide pour toi.» Comme par miracle, la réponse jaillit: «La vaisselle.» Au moment où Justine descend de l'auto, Nicole conclut: «Nous en reparlerons. Nous chercherons les raisons pour lesquelles tu détestes laver la vaisselle, puis des moyens de rendre cette corvée moins pénible.» L'adolescente ferme la portière, mais la rouvre aussitôt. «J'ai trouvé la solution, maman: je ne fais plus la vaisselle, c'est toi qui la fais.»

«De toute évidence, il y a encore bien des points à éclaircir», songe Nicole en souriant (mais Justine est déjà partie en courant). Cependant, elle a ouvert la discussion sur le sujet, et la conversation s'est même terminée sur des plaisanteries.

Il est toujours difficile de discuter avec des adolescents. C'est pourquoi il est préférable d'amorcer la conversation durant un trajet en voiture, idéalement, peu avant d'arriver à destination.

Voici quelques autres suggestions pour essayer d'engager le dialogue sur les devoirs, les tâches ménagères et autres travaux dont votre fille ou votre fils a horreur:

- Abordez le sujet à un moment où votre enfant subit les pénibles conséquences du report d'une tâche (comme une punition pour ne pas s'être acquitté d'un travail quelconque, ne pas avoir étudié une leçon ou ne pas avoir fait un devoir).
- Si votre enfant vous informe avec rage qu'il n'aime pas, qu'il déteste, qu'il hait au plus haut point faire telle tâche, demandez-lui quel élément de cette tâche il déteste le plus et pour

quelles raisons (mais avant de l'interroger, attendez que sa colère soit tombée).

- Lorsque votre enfant et un ami ou un groupe d'amis discutent devant vous (autour d'une table, au cours d'un repas ou durant un trajet en voiture), posez cette question à l'enfant le plus bavard : «Quel est le travail que tu détestes le plus ?» Car dès qu'un membre du groupe se mettra à parler avec vous, les autres (y compris votre enfant) se joindront certainement à la conversation.
- Tirez profit de tous les moments merveilleux, mais rares, où vous pouvez vous entretenir facilement avec votre enfant. Restez vigilant, afin de ne pas rater une belle occasion de creuser la question avec lui.

Aller au cœur du problème

Imaginons qu'en dépit de son vif intérêt pour les mathématiques, votre fille remette toujours à plus tard le moment de faire ses devoirs de maths. En ce cas, vous ne devriez pas en conclure hâtivement que le problème, ce sont les mathématiques. Vous devriez plutôt observer avec grande attention ce qui se passe et poser quelques questions nettes et précises.

En cours de route, vous aurez parfois l'impression d'être un détective en quête d'indices et de preuves pour résoudre une énigme. Mais cela vaudra mieux que d'essayer d'élucider la question sans savoir quel est le *vrai* problème, le cœur du problème.

Peut-être que le véritable problème de votre fille, ce n'est pas de faire des devoirs de maths, mais de les faire à tel endroit ou à tel moment. Si elle a l'habitude de travailler devant la télévision, par exemple, mais qu'elle fait ses devoirs correctement et les rend toujours en temps voulu, il n'y a pas vraiment de problème. Par contre, si elle a pris cette habitude et que ses devoirs sont toujours faits en dépit du bon sens et remis en retard, il y a effectivement un problème : de toute évidence, ce lieu ne convient pas. Votre fille doit travailler à un autre endroit, où il lui sera plus facile de s'atteler à la tâche et de se concentrer.

L'installation d'un bureau dans la chambre de la fillette ou de l'adolescente ne sera pas forcément la bonne solution. Les enfants ne requièrent pas tous les mêmes conditions pour travailler correctement : les uns ont besoin d'un endroit tranquille et privé, les autres se sentent isolés lorsqu'ils doivent faire leurs devoirs tout seuls dans leur chambre. Or, le but recherché ici n'est pas de rendre la tâche détestée plus rebutante encore, mais de la rendre moins désagréable.

Certains enfants travaillent mieux quand ils se sentent «connectés» à la famille. De ce fait, ils préfèrent souvent faire leurs devoirs dans la cuisine ou dans la salle à manger (ce qui était le cas de Benoît, dont nous avons parlé précédemment), où ils peuvent voir et entendre leur mère, leur père ainsi que leurs frères et sœurs. Votre fille fait peut-être partie de ces enfants qui ont besoin de bruit et de musique pour se concentrer. Pour le savoir, demandez-lui ce qui, *à son avis*, l'aiderait à faire les choses de manière plus efficace. Et écoutez avec attention toutes les réponses qui lui viennent à l'esprit. Riez avec elle des solutions cocasses, et cherchez ensemble les plus susceptibles et les moins susceptibles de donner de bons résultats.

Un professeur m'a raconté qu'il connaissait une famille de cinq enfants dans laquelle quatre des adolescents travaillaient tard le soir pour terminer leurs devoirs ou finir de préparer un examen, tandis que le cinquième préférait se lever à 5 h du matin pour achever son travail scolaire. Les parents avaient autorisé leurs enfants à travailler quand ils le désiraient, à la condition que le travail soit rendu à temps et effectué correctement (toute la famille était tombée d'accord sur le fait que la note B et les notes plus élevées étaient de bonnes notes).

Chaque enfant a également sa propre façon de travailler. Par conséquent, si le vôtre ne fait pas ses devoirs comme le souhaiteriez, mais que le résultat final est de bonne qualité, vous feriez sans doute mieux de le laisser travailler à sa manière, aussi farfelue soit-elle.

Chaque soir après le repas, Guylaine préfère quitter la cuisine au moment où son fils de neuf ans débarrasse la table et charge le lave-vaisselle. Elle ne veut pas assister à la scène, car la manière dont il accomplit cette tâche la met dans tous ses états. «Je ne sais pas pourquoi cela me rend si nerveuse, car il n'a jamais rien cassé, dit-elle. Mais à la façon dont il manipule les assiettes et les verres, j'ai toujours l'impression que cela va arriver. On dirait qu'il s'amuse à jongler avec la vaisselle, et comme je suis une maniaque du contrôle, j'ai les nerfs en pelote à la simple vue de son comportement extravagant.» Du temps où elle restait dans la cuisine et ne cessait de critiquer sa façon d'agir, son garçon repoussait sans cesse le moment de débarrasser la table. Mais depuis qu'elle le laisse charger le lave-vaisselle comme il l'entend, il est plus responsable, et elle est moins anxieuse car le travail est toujours bien fait, même s'il n'est pas accompli de la manière dont elle le voudrait.

Les parents remarquent souvent que leur enfant travaille mieux quand ils le laissent accomplir une tâche à sa manière. Cela est peut-être dû au fait qu'en agissant autrement que ses parents le désirent, l'enfant éprouve une impression de pouvoir, ou bien le sentiment d'être unique, ou encore le plaisir de relever un défi. Quoi qu'il en soit, il faut essayer d'accorder aux jeunes, petits et grands, une certaine liberté de mouvement et se réjouir de les voir remplir leurs obligations.

Éliminer l'élément le plus rebutant

Une fois que l'on a déterminé avec l'enfant la partie la plus désagréable de la tâche qu'il déteste accomplir, l'étape suivante consiste à voir s'il y aurait un moyen de rendre ce point particulier un peu moins rebutant.

S'il a du mal à faire le ménage dans sa chambre, aurait-il besoin de quelque chose pour garder plus facilement cette pièce en ordre ? Une corbeille à papier plus grande ? Son propre panier à linge sale ? Un endroit spécial où regrouper tous ses animaux en peluche ? Des tiroirs supplémentaires pour ranger ses vêtements ? Des étagères pour placer ses livres ?

Comme l'adulte, l'enfant se souvient facilement des tâches qui lui plaisent, mais il oublie vite celles qu'il déteste. Par conséquent, comment pourrait-il se rappeler qu'il doit à tel ou tel autre moment s'atteler à une tâche pénible ? En inscrivant sur un carnet spécial ou sur un agenda les différentes tâches qu'il doit accomplir à la maison ? En notant sur un calendrier ses activités, ses répétitions ou ses séances d'entraînement ?

Pour éviter de fâcheux oublis, Jacinthe a placardé sur la porte de la chambre de chacun de ses enfants la liste des choses à faire le matin. Ainsi, au moment de partir à l'école, ses deux filles et son fils sont toujours fin prêts. Ils ont pris leur petit-déjeuner ; ils ont mis leurs bols, assiettes et couverts dans le lave-vaisselle ; ils ont fait leur toilette ; ils se sont habillés ; ils ont brossé leurs dents et peigné leurs cheveux ; ils ont fait leur lit ; ils ont mis dans leur sac à dos cahiers, trousse et livres ; ils ont placé leur boîte à lunch à côté de ce sac ; ils ont sorti leur manteau, leur écharpe, leur bonnet, leurs gants et autres vêtements requis pour la journée.

Outre la liste des choses à faire avant le départ à l'école ou à la garderie, certains parents affichent aussi la liste des choses à faire avant le coucher. Ceux dont les bambins ne savent pas encore lire remplacent les inscriptions par des images, des dessins ou des illustrations découpées dans des revues.

De jeunes écoliers ont fréquemment du mal à trouver leurs chaussures, leurs livres et leurs cahiers, ou encore leur cartable. En pareil cas, il est souhaitable d'offrir à l'enfant un endroit où il puisse mettre toutes ses affaires à son retour de l'école. Idéalement, cet endroit devrait être situé près de la porte d'entrée. Et s'il y a plusieurs enfants dans la maison, mieux vaut fournir à chacun un casier ou un grand panier de couleur différente. Il est important que votre bambin apprécie ce «vestiaire», car il sera ainsi plus enclin à l'utiliser sans que vous ayez à lui rappeler constamment d'y ranger ses affaires. *Vous* savez où il doit les placer, mais lui, le sait-il? Certes, vous le lui avez déjà dit une fois, mais certaines choses doivent être répétées plusieurs fois avant d'être saisies.

Si votre jeune procrastinateur apprend à jouer d'un instrument de musique ou à cultiver un talent artistique quelconque mais a horreur de s'exercer entre les cours, vous pourriez inscrire sur un graphique le temps qu'il passe à faire ses exercices; la courbe ainsi réalisée illustrerait ses efforts. Ou bien vous pourriez enregistrer de temps à autre ses séances de pratique sur une cassette sonore ou sur une vidéocassette, de sorte qu'il puisse constater ses progrès en écoutant ou en visionnant la cassette. Ce constat susciterait un certain enthousiasme qui lui ferait sans doute oublier le côté ennuyeux des exercices.

Attention! Alors que vous essaierez de donner à votre enfant de bonnes habitudes et de l'amener à adopter une routine simple et efficace, les fins de semaines vous sembleront parfois un vrai cauchemar. Vous aurez l'impression que tous vos efforts ont été vains: le sens de l'ordre se sera volatilisé et tout ira à vau-l'eau. La meilleure chose à faire sera alors, dès le lundi, de remettre l'accent sur les séances de pratique, le temps d'étude, l'heure du coucher et les rituels en faveur de l'accomplissement des tâches en temps et en heure.

Transformer une tâche rebutante en un jeu

Il est parfois impossible d'éliminer le côté détestable d'une tâche. Néanmoins, il est toujours possible de transformer une tâche rebutante en
un jeu. Pour ce faire, voici quelques suggestions :

- Défier son enfant : « Je parie que tu n'es pas capable de faire
  cela en 20 minutes ou avant que le minuteur ne sonne. »
- L'amener à se lancer des défis : « Serais-tu capable de faire cela
  plus vite que tu ne l'as fait la dernière fois ? »
- Lui apprendre à évaluer la durée d'un travail : « Cela fait trois
  heures que tu hésites à te mettre au travail. À ton avis, combien
  de temps cela te prendra-t-il pour l'accomplir ? Je vais te
  chronométrer. »
- Apprendre à ses enfants à mener tambour battant les tâches
  domestiques : « Mettons-nous au travail tous ensemble pour
  mettre de l'ordre dans cette maison en une demi-heure. Si nous
  y arrivons, je vous emmène à la piscine et je me baigne
  avec vous. »
- Chanter avec eux.

Certains petits abattent un boulot énorme en chantant. Et souvent,
ces bambins-là ne peuvent faire quoi que ce soit sans chanter. Si bien
que leur mère et leur père sont parfois soûlés d'entendre toujours la
même rengaine. Si c'est votre cas, calmez-vous en songeant que les
parents d'adolescents paieraient cher pour trouver une chanson capable
d'inciter leurs enfants à effectuer les tâches qui leur incombent.

La transformation d'une tâche pénible en un jeu requiert parfois
une bonne dose d'imagination. À titre d'exemples, j'ai choisi de vous
relater l'expérience de deux femmes : Sheila et Diane.

Conférencière, Sheila Glazov est experte en matière de communication, de créativité et de résolution de conflits. Elle est l'auteur d'un

livre pour enfants visant à favoriser, entre autres, le développement de l'estime de soi, la coopération et la tolérance : *Princess Shayna's Invisible Visible Gift.* Sheila s'est ingéniée à donner une dimension amusante à une tâche très ennuyeuse : le désherbage.

Un samedi après-midi, je reçois un appel téléphonique de mon petit-fils de dix ans, Matthew. «Mamie, il faut que tu m'aides», sanglote-t-il au bout du fil. Inquiète, je m'empresse de lui demander ce qui se passe. «C'est papa et maman», me répond-il. À présent au comble de l'angoisse, je l'interroge : «Ils vont bien ?» «Oui, mais j'ai besoin que tu m'aides, parce qu'ils t'écoutent toujours et qu'ils sont très méchants avec moi», m'explique-t-il en continuant de pleurer à chaudes larmes.

Je suis à la fois soulagée de savoir qu'aucun accident n'est arrivé et amusée par la confiance de Thomas en mon supposé pouvoir de persuasion sur son père et sa mère. Mais je suis aussi attristée par le chagrin de mon petit-fils et très soucieuse : qu'est-ce que Matthew peut bien attendre de moi ? Il poursuit en me disant que ma fille et mon gendre veulent qu'il désherbe le jardin. Toute la semaine, après l'école, il a remis cette corvée au lendemain et maintenant qu'il est libre et qu'il fait beau, il a envie d'aller jouer avec ses copains.

Je lui suggère alors de compter le nombre de mauvaises herbes qu'il arrache, puis de calculer à quelle rapidité il a réussi à les ôter toutes. Ainsi, le désherbage sera pour lui un jeu. Et à l'avenir, il ne le verra plus comme une corvée à faire mais comme un projet amusant à réaliser. Enthousiasmé par cette idée, il m'affirme qu'il va se mettre au travail sur-le-champ. Et nous convenons qu'il me rappellera une fois ce jeu terminé afin de me donner son score. Une demi-heure plus tard, nouveau coup de fil. «Mamie, ça y est ! J'ai réussi à arracher

150 mauvaises herbes en 30 minutes.» Je m'exclame: «Matthew, tu es un vrai champion, et je suis très fière de toi!» Nous pouffons de rire tous les deux. Mais je ne veux pas en rester là, je veux l'encourager d'une autre manière encore. J'ajoute donc: «La prochaine fois que nous irons vous voir, papi et moi, nous ferons tous les trois un concours: nous désherberons le jardin ensemble, et nous verrons ainsi qui est vraiment l'as du désherbage.»

Je vous conseille vivement de réfléchir avec votre enfant aux moyens de donner à une tâche qu'il déteste un aspect amusant. L'autre solution consisterait à lui suggérer d'essayer d'échanger cette tâche fastidieuse contre une tâche moins ennuyeuse à ses yeux. S'il a un frère ou une sœur prêt(e) à l'aider, il pourrait voir avec lui ou avec elle s'ils ne pourraient pas parvenir à un accord en ce sens. En prime, il apprendrait sur le tas l'art de la négociation.

Diane, qui est maintenant grand-mère, se souvient qu'à un moment donné ses enfants lui ont donné du fil à retordre. Elle a donc eu l'idée d'organiser une sorte de course contre la montre pour les inciter non seulement à faire leur travail quotidien, mais aussi à le faire en temps voulu. Voici ce qu'elle raconte.

Quand ils étaient petits, mes deux fils aimaient «aider maman». Mais vers l'âge de dix ans, l'aîné a changé: j'ai remarqué qu'il était moins prêt à coopérer. Et le cadet, âgé de huit ans, n'a pas tardé à le suivre sur cette pente. Alors moi, j'étais toujours sur leur dos, à redire cent fois les mêmes choses, comme: «Brice, tu n'as pas encore fait ton lit?» ou «Thomas, tu n'as pas rangé ta chambre.» Durant les vacances d'été, j'ai donc pris la décision de cesser de les harceler et de dresser la liste de ce que chacun d'eux devait faire le matin.

Les deux listes ont donné des résultats : toutes les tâches étaient accomplies... à la fin de la journée. Mais à quoi bon faire son lit à sept heures du soir ? J'avais commis l'erreur de ne mettre sur les listes aucune indication quant au délai d'exécution. Et je recommençais à jouer les enquiquineuses en ne cessant de faire remarquer à mes enfants qu'ils n'avaient *toujours pas* fait ceci ou cela.

J'ai donc usé d'un stratagème supplémentaire, qui s'est en définitive révélé très efficace. À six heures du matin, je placardais deux listes sur la porte du réfrigérateur : la liste A et la liste B. Certaines tâches, comme « faire le lit » et « mettre de l'ordre dans la chambre », figuraient sur les deux listes. Mais d'autres, telles que « plier les serviettes de toilette puis les ranger » et « passer l'aspirateur dans la salle de séjour », n'étaient inscrites que sur une seule liste. Parmi ces tâches-là, quelques-unes plaisaient à Thomas, d'autres à Brice. Tant et si bien que, le matin, chacun s'efforçait d'arriver le premier devant le réfrigérateur pour s'emparer de la « meilleure » liste. Finalement, mes fils sont graduellement arrivés à accomplir les différentes tâches notées sur les listes à peu près en temps voulu.

Bref, mon astuce a donné les résultats escomptés. J'ai obtenu l'aide dont j'avais besoin et je n'ai plus eu à me comporter en mère despote. Quant à mes fils, ils se sont aperçus qu'ils pouvaient exercer un certain contrôle sur leur existence et ils ont conçu leur propre discipline en matière de travail.

Il arrive qu'on ne puisse modifier ni supprimer la partie déplaisante d'une tâche. Cependant, on peut parfois donner à l'accomplissement de cette tâche un caractère comique ou amusant.

Offrir son aide

Quand on cherche des moyens de rendre moins pénible une tâche qui rebute un enfant, il ne faut pas oublier combien il est agréable de travailler en collaboration avec une copine ou un copain, de bénéficier d'un concours amical, que ce soit à la maison ou au travail. Autrement dit, il faut garder à l'esprit que donner un coup de main à son fils ou à sa fille est un beau cadeau.

Il ne s'agit pas ici de céder devant un petit roublard déterminé à pleurer, à crier, à protester ou à trépigner jusqu'à ce qu'on lui offre de l'aider ou de le tirer d'affaire, car cela reviendrait à se laisser manipuler. Il s'agit au contraire de faire comprendre à l'enfant qu'on l'aidera à condition qu'il se comporte bien. On peut lui dire, par exemple : «Écoute, si tu fais aujourd'hui un effort pour accomplir ton travail correctement et *sans histoires*, il y a de grandes chances qu'environ dix minutes après que tu l'auras commencé, je viendrai t'aider à le terminer.» En d'autres termes, on doit lui apprendre que s'il se conduit bien, il sera récompensé, mais que s'il se conduit mal, il ne le sera pas. Et pour ce faire, il faut lui transmettre le message à de multiples reprises.

Quel que soit l'âge de votre enfant, il pourrait être utile que vous l'aidiez à ranger sa chambre, ses placards ou ses tiroirs. Vous pourrez ainsi lui montrer comment accomplir cette tâche. Si vous le lui avez déjà expliqué une ou deux fois, ne vous imaginez surtout pas qu'il sait désormais comment s'y prendre. Il se pourrait fort qu'il n'ait pas saisi toutes vos directives et qu'il essaie de se débrouiller sans avoir la moindre idée de la procédure à suivre.

Si c'est le cas, votre enfant s'éparpille sûrement : il entreprend de faire son lit mais décide tout à coup de ranger ses vêtements dans l'armoire, puis il s'interrompt pour ramasser les papiers épars et les jeter dans la corbeille, jusqu'au moment où il doit aller la vider car elle est pleine… Bref, au bout d'une heure, la chambre est loin d'être en ordre, et votre enfant est totalement découragé. Faute d'un plan de travail réalisable, n'importe quelle tâche peut devenir une vraie corvée. C'est la raison pour laquelle il est essentiel que vous donniez à votre fille ou votre fils des directives précises quant à la manière d'accomplir telle ou telle tâche, même si certains détails vous paraissent tout à fait évidents. En ce qui concerne la mise en ordre de sa chambre, voici quelles pourraient être les directives à lui fournir :

Étapes à suivre pour ranger la chambre

1. Vêtements : suspendre ou ranger les vêtements propres ; mettre les vêtements sales dans le sac ou le panier à linge sale.
2. Papiers et autres choses à jeter : mettre tout ce qui est à jeter dans la corbeille à papier ou dans un sac-poubelle.
3. Livres, papiers à conserver, jouets et autres objets à garder : pour ranger ces choses, s'occuper de chaque catégorie l'une après l'autre (mettre d'abord les papiers dans un classeur, puis les livres sur les étagères, ensuite les jouets à leur place et, finalement, tout autre objet à l'endroit où il doit être rangé).
4. Toutes les choses qui restent par terre, sur le lit, sur la commode, sur le bureau ou à n'importe quel autre endroit où elles n'ont rien à faire : ranger ces objets à leur place. S'ils doivent être rangés dans une autre pièce, aller les placer tout de suite à cet endroit.

Si votre enfant est assez grand pour effectuer les tâches qui suivent et en mesure de les accomplir, vous pourriez ajouter ceci au plan de travail :

5. Faire le lit.
6. Vider la corbeille à papier.
7. Épousseter les meubles.
8. Balayer le sol ou passer l'aspirateur.

Chez les petits et les jeunes, la procrastination est parfois due au simple fait qu'ils ne savent pas comment faire ce qu'on leur demande de faire (sans penser nécessairement à leur apprendre à le faire) : mettre la table, charger un lave-vaisselle, faire un lit ou effectuer un travail quelconque dans le jardin. Par conséquent, en aidant votre enfant à accomplir une tâche, même s'il s'agit d'une tâche qu'il exécute depuis longtemps, vous pourrez vérifier s'il n'aurait pas besoin de quelques petits trucs ou de certaines directives pour la mener à bien. Ou encore, s'il sait *comment* s'y prendre, de conseils pour l'accomplir mieux, plus vite ou plus facilement. Et en utilisant le minuteur, vous verrez si ce travail en équipe vous permet de battre le record du temps passé sur cette tâche.

À ce propos, il est à préciser que de nombreux parents sont consternés par la métamorphose de leur rejeton à l'adolescence. Après avoir passé des heures et des heures à travailler avec leur enfant et s'être réjouis de ses progrès faramineux, ils ont subitement l'impression que tous leurs efforts ont été vains. Ils se trouvent face à un jeune préoccupé, distrait, peu coopératif et peu commode, qui semble la plupart du temps avoir l'esprit ailleurs. En pareil cas, il est très judicieux d'aider de nouveau son enfant à accomplir certaines tâches. Car face à l'ouvrage, les adolescents paraissent souvent en pleine période de… régression.

Prendre part au travail d'un enfant n'est pas seulement un bon moyen de lui apprendre quelque chose, mais aussi une belle occasion de bavarder et de communiquer avec lui. Cela permet de comprendre ce qui se passe dans son monde – et de lui offrir une attention soutenue.

De surcroît, il est beaucoup plus efficace et amusant de passer dix minutes avec un bambin de trois ans à «jouer à la chasse aux objets à placer», dans le but de l'aider à mettre de l'ordre dans sa chambre, que de passer toute une matinée sur son dos à crier après lui. On peut ainsi lui apprendre à placer ses livres et ses jouets au bon endroit, à suspendre certains vêtements à la patère, à ranger ses habits propres dans l'armoire et à mettre ceux nécessitant d'être lavés dans le panier à linge sale.

Dans certaines familles, il est habituel que, durant les vacances, le père, la mère ou un parent proche passe une après-midi avec l'enfant à trier les affaires contenues dans les meubles ou les placards de sa chambre. Cette coutume ne donne pas seulement la chance de discuter avec la fillette ou le garçonnet. Elle permet également de l'inciter à se débarrasser des vieilles choses – tâche qui, même pour un adulte, est toujours très difficile à accomplir sans les encouragements de quelqu'un.

Cependant, il faut être extrêmement prudent au cours de ce grand ménage, car certains enfants sont très attachés à leurs souvenirs. Si c'est le cas de votre fille ou de votre fils, la lecture du chapitre 8, consacré à la lutte contre le fouillis, vous donnera peut-être de bonnes idées. Par ailleurs, il arrive assez souvent qu'à l'adolescence (en particulier durant la dernière année de scolarité), un enfant s'étant jusquelà facilement débarrassé de ses choses usées, démodées ou devenues inutiles veuille subitement conserver toutes ses vieilles affaires. Hormis en de rares circonstances, il n'y a alors rien d'autre à faire que de respecter son désir. Il faut laisser le temps faire son œuvre, puis revenir sur la question une année plus tard environ. Pour de plus amples informations sur la manière d'aider votre enfant à garder sa chambre en ordre grâce à un bon système de rangement et à des opérations de tri régulières, je vous invite à lire le Chapitre 8 de cet ouvrage.

L'aide apportée à un enfant dans l'exécution d'une tâche qui le rebute peut aussi dépendre d'un marché. En ce cas, il suffit de s'entendre avec lui sur le fait qu'on lui fournira cette aide *en l'échange* de son concours durant la réalisation d'un projet que l'on a en tête.

Autres solutions pour rendre une tâche plus attrayante aux yeux d'un enfant : lui permettre de l'effectuer avec l'aide d'un camarade (s'il est capable de travailler en collaboration avec quelqu'un), ou en écoutant de la musique, ou bien en la compagnie d'un ami (si la présence de cet ami ne le distrait pas trop).

Parmi les différentes solutions proposées dans cette section, il se pourrait qu'aucune ne vous convienne. Mais vous avez maintenant une bonne idée de l'objectif visé: trouver un moyen original de rendre moins pénibles les tâches que votre enfant reporte sans cesse pour la simple raison qu'elles le rebutent.

Lorsque les enfants répugnent à faire un travail parce qu'ils le trouvent assommant, ils ont une étonnante capacité à faire profiter les personnes à portée de voix de leur malheur. Tant et si bien que les parents préfèrent souvent capituler et faire le travail eux-mêmes plutôt que d'endurer les jérémiades de leurs rejetons. Sonia, mère de deux petites filles, explique: «Il m'arrive fréquemment d'être tentée de terminer le travail moi-même; c'est plus rapide et moins épuisant psychiquement. Cependant, quand je me force à tenir bon, mes filles se calment en général après avoir lancé quelques plaintes déchirantes et finissent leur travail.»

Lorsqu'on termine un travail entrepris par un enfant, non seulement on lui démontre qu'il lui suffit de fulminer et de se lamenter pour qu'on le tire d'affaire, mais on lui transmet le message qu'il est un incapable, un bon à rien. De surcroît, on ne tient pas compte du fait que certains enfants, en reportant sans cesse une tâche, cherchent simplement à attirer l'attention de leurs parents. Par contre, quand on encourage un petit ou un jeune à aller jusqu'au bout de ses tâches, avec ou sans notre aide, on renforce son sentiment d'indépendance et sa fierté.

Une simple question de point de vue

Lorsqu'on discute avec un enfant d'une tâche sans cesse remise à plus tard car il déteste la faire, il ne considère parfois que les pénibles sentiments éprouvés durant l'accomplissement de cette tâche. «C'est difficile», ou «c'est ennuyeux», dit-il, et on doit souvent reconnaître que oui, c'est *effectivement* un travail difficile ou ennuyeux. Vider la poubelle est sans conteste une tâche assommante et peu ragoûtante, et elle le sera toujours, quoi que l'on fasse pour tenter de la rendre moins ingrate.

Par conséquent, au lieu de se focaliser sur les pénibles sentiments qu'il éprouve en *faisant* un travail désagréable, l'enfant doit se concentrer sur ce qu'il ressentira une fois le travail *terminé*.

Pour amener l'enfant à changer de point de vue, il faut d'abord lui faire remarquer que tous les habitants de la planète sont forcés d'effectuer certains travaux salissants, compliqués ou ennuyeux, lui préciser que ces travaux font partie de la vie. C'est essentiel, car lorsqu'un petit se sent écrasé sous le fardeau des tâches ingrates de la vie courante, il est enclin à s'imaginer que toutes les personnes de la terre vivent un vrai conte de fée, mais que par un triste coup du sort, il est pour sa part condamné à vivre un véritable cauchemar. Il passe ainsi des heures, des jours, des semaines à ruminer sur son existence jalonnée de tâches pénibles, en regrettant d'être né. Il est convaincu que tous les autres enfants et tous les adultes n'ont que des tâches extraordinaires, agréables et exaltantes à accomplir.

Il faut aussi expliquer que, dans la vie, toute chose a un bon et un mauvais côté, toute médaille a son revers – autrement dit, toute activité comporte des aspects déplaisants et toute personne doit s'acquitter de certaines tâches ennuyeuses et peu reluisantes qu'elle déteste. Et il faut le démontrer à l'aide d'exemples soulignant les inconvénients de certaines choses apparemment formidables, comme les fêtes de fin d'année, les métiers a priori merveilleux, la possession d'une maison et les voyages (Parlez donc à votre fille ou votre fils des joies du transport en avion: les bagages perdus!).

Enfin, il faut préciser à l'enfant qu'il sera moins frustré à partir du moment où il aura admis le fait que, tout au long de son existence, il aura des tâches et des travaux désagréables à faire. Et que par conséquent, il ferait mieux de cesser de se lamenter, parce que cela ne sert à rien, sinon à déprimer tout le monde.

Toujours commencer par le travail le plus déplaisant

Il faut toujours commencer par le travail le plus déplaisant. Travail fait n'est plus à faire. Voilà des phrases que vous avez sans doute entendues fréquemment. Ma grand-mère, elle, disait souvent: «Fais-le, et tu n'auras plus de problème.» Mais les jeunes d'aujourd'hui ont-ils déjà entendu cela ne serait-ce qu'une seule fois? À notre époque où les récompenses tombent du ciel et où la loi du moindre effort prédomine, ils n'ont probablement aucune idée de ce principe.

Par conséquent, vous auriez intérêt à vous assurer que votre enfant sait et saisit bien qu'en effectuant sur-le-champ une tâche désagréable, il n'aura plus à s'en soucier. Vous savez combien il est pénible et épuisant de passer toute une journée à se tourmenter à propos d'un travail non effectué. Et vous savez aussi qu'on se sent soulagé et libre une fois ce travail accompli. Alors, aidez votre enfant à comprendre qu'il aura toujours avantage à se débarrasser en premier lieu des tâches qu'il exècre.

Apprenez-lui aussi à se réjouir et à s'offrir de petits plaisirs quand il a finalement réalisé un travail qu'il reportait depuis longtemps (ou qu'il avait l'habitude de repousser, mais qu'il effectue désormais en temps et en heure). Vous souvenez-vous de *votre* joie débordante lorsque vous étiez arrivé à bout d'une corvée sans cesse remise au lendemain?

CONSEILS À PARTAGER AVEC VOTRE ENFANT

- Trouver des moyens de rendre moins désagréables les tâches que l'on déteste faire.
- Se concentrer sur les sentiments éprouvés une fois le travail effectué, et non sur ceux éprouvés durant son accomplissement.
- Garder en tête que les tâches déplaisantes font partie de la vie ; tout le monde doit de temps à autre faire un travail assommant.
- Prévoir à l'avance une belle récompense.
- Toujours faire en premier la tâche la plus barbante.
- Une fois le travail effectué, exploser de joie en criant : «Ça y est, je l'ai fait! Maintenant, je suis libre.»

TRAVAIL EN ÉQUIPE

Questions à discuter

- Quelle est la tâche que l'enfant déteste le plus? Dans cette tâche, qu'est-ce qui lui déplaît le plus?
- L'enfant a-t-il besoin d'instruments ou de quoi que ce soit d'autre qui pourrait lui faciliter la tâche ou la rendre moins ennuyeuse?
- Se concentrer sur les sentiments éprouvés une fois le travail effectué, et non sur ceux éprouvés en le faisant.
- Tous les gens de la terre se trouvent dans l'obligation de faire des tâches désagréables; ces tâches font partie de la vie.
- Toujours faire en premier le travail le plus embêtant.

ÉTAPE SUIVANTE

Idées à mettre en application
- Prêtez attention à ce qui pourrait être le vrai problème.
- Avec votre enfant, dressez la liste des moyens de rendre la tâche qui le rebute moins assommante.
- Aidez votre enfant à diviser cette tâche en plusieurs étapes ; notez ces diverses étapes afin d'obtenir un plan de travail.
- Au besoin, fournissez à votre enfant une corbeille à papier, un panier à linge sale ou toute autre chose dont il pourrait avoir besoin pour maintenir sa chambre en ordre.

CHAPITRE 5

LES EXCUSES

Les enfants ont généralement l'impression que de nombreux éléments de leur existence échappent totalement à leur contrôle, notamment leur tendance à remettre tout au lendemain. De ce fait, lorsqu'ils n'arrivent pas à s'atteler à une tâche, ils se sentent dans une impasse et ne voient qu'une seule issue pour s'en sortir : fournir une excuse. Pour eux, c'est la seule façon d'expliquer à leur entourage les raisons de leur comportement, puisque, la plupart du temps, ils n'ont pas la moindre idée de ce qui les pousse à la procrastination. Bref, ils inventent une excuse pour que leur conduite ait un sens.

« Mon devoir ? Euh… je l'ai fait à la bibliothèque… euh… et je pense que je l'ai remis à la maîtresse. Attends, je vais vérifier dans mon sac… Où est-il ? Mais où est-il donc passé ? Ah, mais oui ! je sais : je l'ai laissé à l'école. Je ne l'ai pas encore rendu, parce que la maîtresse n'était pas là, elle était malade… Oui, c'est ça. Je me souviens maintenant : elle était malade. »

Pour les parents et les enseignants, les excuses sont particulièrement frustrantes, parce qu'il est très difficile de réagir de manière constructive face aux histoires racontées par une fillette ou un garçonnet afin de dissimuler sa tendance à tout reporter à plus tard. Parfois, l'excuse semble même être un mensonge. Mais comment réagir face à un petit qui, n'étant pas capable de distinguer clairement ce qui est réel de ce qui ne l'est pas, est persuadé que sa fausse excuse est la vraie raison de sa conduite? Du reste, même les adultes sont susceptibles de commettre cette erreur. Par ailleurs, de nombreux enfants ne saisissent tout simplement pas les relations de cause à effet. Ils ne font pas le lien entre la procrastination et ses conséquences. Ils ne comprennent pas que c'est le fait d'avoir reporté telle ou telle tâche qui leur a causé des ennuis. Ils n'ont pas nourri leur poisson rouge depuis trois semaines, le poisson flotte dans l'aquarium le ventre en l'air, et tout ce qu'ils savent, c'est qu'ils ont un problème et que ce problème est en rapport avec la mort du poisson.

À tout âge, la procrastination suscite une grande honte. Comme les adultes, les enfants trouvent embarrassant d'admettre que c'est leur fâcheuse habitude de tout ajourner qui est la cause de leurs ennuis. Ils préfèrent en tenir quelqu'un d'autre pour responsable ou, quand c'est impossible, inventer une histoire afin d'expliquer pourquoi ils n'ont pas fait ce qu'ils étaient censés faire.

Par conséquent, lorsque vous abordez avec votre enfant la question des excuses, vous ne devez surtout pas lui parler de choses comme la réalité, le vrai et le faux, la vérité et le mensonge. Vous devez plutôt l'amener à faire la différence entre les fausses excuses et les vraies raisons. Et ce, en vous souvenant de ceci : quand une personne suspecte que les autres ne seront pas d'accord avec son raisonnement ou ne l'approuveront pas, elle leur donne généralement la raison la plus susceptible de les satisfaire, au lieu de leur donner la vraie raison de sa conduite.

Vous êtes-vous déjà trouvé face à un habile représentant déterminé à vous vendre un produit dont vous ne vouliez pas, parce que vous aviez entendu dire que le service après-vente était nul? Vous *savez* que si vous lui expliquez cela, il tentera à tout prix de vous convaincre que le service après-vente est au contraire excellent. Alors, plutôt que de vous engager dans une discussion sans fin, vous lui servez une belle excuse : «J'en ai déjà un» ou «Je n'ai pas les moyens de m'acheter cela.»

Commencez par aider votre enfant à reconnaître les fausses excuses. Faites-lui remarquer ce genre d'excuses chaque fois que vous en découvrez une – en regardant un feuilleton télévisé, en observant ce qui se passe autour de vous ou en vous rappelant certaines situations où vous avez vous-même eu recours à une fausse excuse. Donnez-lui aussi des exemples de personnes ayant avoué qu'elles avaient tendance à tout remettre au lendemain ou qu'elles avaient fui devant un travail déplaisant. Dès que votre enfant commencera à saisir la différence entre assumer la responsabilité de ses actes et fournir des excuses invraisemblables, vous pourrez également l'aider à chercher des solutions à ses ennuis, au cas où ses excuses comporteraient une part de vérité.

- «Je n'ai pas eu le temps.» Apprenez-lui à fixer des priorités et à faire en premier lieu soit les tâches les plus importantes, soit les travaux les plus désagréables. Mais son emploi du temps ne serait-il pas si chargé qu'il n'avait effectivement pas le temps de faire tout ce qu'il était supposé faire ? Examinez son emploi du temps avec lui et demandez-lui de vous expliquer pourquoi il a manqué de temps.

- «J'ai oublié.» Aidez-le à trouver un moyen de se rappeler ce qu'il a à faire : une liste, un emploi du temps imprimé, l'inscription des tâches sur un calendrier ou dans un agenda, ou encore l'utilisation d'un assistant électronique (ordinateur de poche). S'il refuse de se prêter au jeu en alléguant que tout est inscrit dans sa tête, n'insistez pas. Si dans les jours qui suivent, il se souvient de tout ce qu'il a à faire, parfait ; la question est close. Mais s'il oublie encore de faire certaines choses, revenez à la charge en insistant pour qu'il adopte une méthode de rappel.

- «Je ne sais pas faire mes devoirs.» Aidez-le à faire ses devoirs ou arrangez-vous pour que quelqu'un l'aide à les faire à la fin des cours. Ainsi, vous saurez très vite s'il ne comprend effectivement pas ce qu'on lui demande de faire ou si ce n'est qu'une fausse excuse.

- «Je suis trop petit.» S'il est assez grand pour faire des saletés, il est assez grand pour les nettoyer. Dès l'âge de deux ou trois ans, un enfant est capable d'apprendre à se servir d'un chiffon pour essuyer le lait qu'il a renversé ; il a seulement besoin d'un petit coup de main. En le faisant participer à ce genre de tâches, vous l'aiderez à développer son estime de soi.

- «Je ne savais pas que j'étais censé faire ça.» Quel que soit l'âge de l'enfant, il a sans doute besoin d'un emploi du temps imprimé ou de tout autre aide-mémoire placé bien en vue dans la maison.

- «L'ordinateur n'a pas enregistré mon travail.» Si vous avez un jour travaillé sur un ordinateur, vous avez sans doute perdu au moins une fois un document sur lequel vous aviez passé des heures. Alors, vous savez combien c'est pénible (et combien on se sent bête). Vous avez dû tout recommencer, mais vous avez au moins tiré la leçon de cette mésaventure : par la suite, vous avez effectué des sauvegardes plus souvent et, dans la crainte d'autres ennuis du même genre, vous n'avez jamais plus attendu la dernière minute pour imprimer vos travaux. Votre enfant apprendra à travailler sur ordinateur avec prudence de la même façon que vous l'avez appris, à la condition que vous ne veniez pas à sa rescousse en refaisant le travail à sa place chaque fois qu'il perd un document. Car si vous agissiez ainsi, il ne tirerait pas leçon de ses erreurs, et ses devoirs deviendraient tout à coup *vos* devoirs.

En conclusion, quelle que soit l'excuse invoquée, voyez si vous ne pourriez pas aider votre enfant à trouver la solution appropriée.

Les « oui, mais... »

Le «oui, mais» est une brillante variation de l'excuse. Il apparaît généralement lorsqu'on demande à l'enfant de faire quelque chose. On lui
rappelle qu'il est temps de se préparer à partir à l'école, et il réagit par
une phrase du genre : «Oui, mais je vais d'abord finir de lire mon livre.»
On lui fait remarquer : «Ce pauvre chien attend depuis une demi-heure
que tu le sortes», et il répond : «Oui, mais je suis en train de m'occuper
de tous les trucs que je dois faire pour l'école.»

Les petits reportent parfois une tâche pour l'unique raison qu'ils
ont envie de faire autre chose. L'excuse vise alors à convaincre leur
interlocuteur que ce qu'ils veulent faire est bien plus essentiel que ce
qu'on leur demande de faire. Au lieu de dire simplement : «Je ne peux
pas faire cela maintenant, parce que...», ils affirment : «Oui, mais ce
que je suis en train de faire est très, très important, tu sais.»

Transformant la situation en une épreuve de force, ils n'hésitent
pas à insister pour faire reconnaître l'importance capitale d'un travail
loufoque : ôter les peluches d'un chandail bouloché, regarder un dessin animé déjà visionné une bonne centaine de fois ou fouiller la chambre au complet à la recherche d'un nounours que personne n'a vu
depuis des années, par exemple. Ils *doivent à tout prix* terminer cette
tâche essentielle, même s'ils ne s'y sont jamais intéressés auparavant.

La résistance passive

La procrastination s'apparente à la résistance passive lorsque les
excuses (y compris les «oui, mais...») relèvent d'une tentative de se
rebeller ou d'imposer sa volonté. Pour l'enfant, tout remettre au lendemain revient souvent à dire : «Je vais te montrer qui est le patron, qui
commande dans cette maison.»

À ce propos, l'histoire de Patricia, mère de deux garçons, est très révélatrice. «Lorsque mon fils de neuf ans est en train de jouer à un jeu vidéo et que je lui demande de faire quelque chose ou de venir dîner, il me dit: "Juste une minute, je suis presque arrivé à la fin d'une épreuve." Je trouve normal de le laisser terminer sa partie, mais, dix minutes après, il est toujours en train de jouer. Je reviens à la charge, et il me répond: "Pas tout de suite, je suis en pleine bataille." Alors, je lui accorde un dernier délai. Cependant, ce délai n'est jamais suffisant. Parfois même, croyant que je ne prête pas attention à lui, il en profite pour entreprendre un autre jeu. Finalement, je me mets en colère, et il se met *lui aussi* en colère: il jette rageusement la manette, traîne les pieds, ronchonne, mais il est bien obligé d'interrompre son jeu sur-le-champ.»

Il est temps que Patricia découvre le «point faible» de son fils, un privilège auquel il tient énormément, par exemple (sur cette question, se reporter au Chapitre 2). Son garçon ne semble pas ennuyé outre mesure d'être en définitive obligé de s'interrompre au beau milieu d'une partie, puisque cela ne l'a jamais conduit à changer de comportement. Cette interruption intempestive n'est pas importante à ses yeux, mais les jeux vidéo le sont. Aussi, la prochaine fois qu'il tergiversera, Patricia ne devra pas le rappeler à l'ordre sévèrement, mais lui retirer calmement la manette des mains. Ou mieux encore, s'il ose de nouveau jeter cette manette avec rage, s'en emparer, la ranger et le priver de jeux vidéo durant un certain temps.

Patricia doit fixer une nouvelle règle. Une règle du genre: «Chaque fois que les jeux vidéo seront pour toi une bonne raison de ne pas faire ce que je te demande de faire, tu en seras privé pendant deux jours.»

Avec son aîné, Patricia a un problème différent. «À plusieurs reprises, je me suis aperçue que mon fils de 11 ans m'avait menti en me disant qu'il n'avait pas de devoirs à faire, explique-t-elle. Alors maintenant, je me méfie : quand il affirme ne pas avoir de devoirs, je fouille dans son sac d'école et lui demande pour quelle raison il a rapporté les livres qui s'y trouvent. Invariablement, il me répond : "Ah oui, j'avais oublié ! J'ai juste un petit travail à faire. Est-ce que je pourrai le faire après le repas ?" Me fiant à ce qu'il me dit, je lui en donne la permission. Mais au moment où il doit s'atteler à la tâche, j'apprends tout à coup qu'il a un exposé, un rapport de lecture ou trois biographies à préparer pour *le lendemain !* Quant à lui, il ne tient plus en place, se plaint d'avoir trop de travail à faire, veut manger quelque chose, puis boire… Bref, il s'agite et s'éparpille pendant deux heures, jusqu'à ce que je le force à se mettre au travail. Et parfois, un quart d'heure plus tard, tout est fait. C'est quand même fou de s'empoisonner la vie pendant deux heures pour un travail d'un quart d'heure !»

Patricia doit imposer à son aîné une règle selon laquelle il devra régulièrement se consacrer à ses devoirs entre telle et telle heure. Autrement dit, elle doit instaurer ce que l'on pourrait appeler «une plage de travail», c'est-à-dire un laps de temps au cours duquel son fils ne devra rien faire d'autre que travailler (nous traiterons spécifiquement de cette question un peu plus loin dans ce chapitre). Et s'il continue de repousser le moment de se mettre à la tâche, en papillonnant et en se plaignant, elle devra sans doute allonger ce moment réservé aux devoirs.

En outre, Patricia devra sans doute aider son garçon à s'organiser juste avant de commencer ses devoirs. Elle pourrait, par exemple, l'encourager à dresser deux listes : la liste de ses devoirs et des choses nécessaires pour les faire, et la liste des différentes étapes à suivre pour effectuer ce travail scolaire. Par ailleurs, elle pourrait également juger utile de limiter le temps de préparation en lui proposant ceci : «Nous allons régler le minuteur afin qu'il sonne dans cinq minutes. Et quand la sonnerie retentira, ce sera le moment de te mettre au travail.» Ce mode d'organisation aide généralement les enfants enclins à s'éparpiller à se concentrer sur une seule chose à la fois. Il consiste à passer en revue les tâches à faire, à rassembler les outils nécessaires, puis à effectuer le travail en suivant la liste des diverses choses à faire.

À titre d'exemple, voici les deux listes dressées par un enfant de 11 ans, qui, de toute évidence, aimait bien asticoter sa mère :

Liste n° 1 : préparation

1. Sortir les livres ainsi que le papier et les cahiers nécessaires.
2. Prendre les crayons et les stylos.
3. S'assurer que les crayons sont bien taillés.
4. Appeler Fabrice pour vérifier la liste des devoirs à faire.
5. Veiller à lui parler très vite, car je ne dispose que de cinq petites minutes pour me préparer au travail.
6. Prendre un verre de jus d'orange.
7. Prendre le minuteur afin de savoir à quel moment le temps de travail sera écoulé.
8. Aller aux toilettes, parce que ma mère cruelle ne me laissera pas quitter mon bureau une fois que je me serai mis au travail.
9. Vérifier dans les poches de ma veste et dans les petites poches de mon sac d'école si je n'aurais pas mis là, par hasard, quelques autres notes au sujet de mes devoirs.

Liste n° 2 : étapes à suivre pour faire mes devoirs

1. Faire place nette sur mon bureau.
2. Lire la liste de tous les devoirs à faire.
3. Choisir un premier devoir à faire.
4. Relire l'énoncé de ce devoir.
5. Prendre le livre ainsi que le cahier ou les feuilles blanches dont j'ai besoin.
6. Commencer par le commencement et aller jusqu'à la fin de ce devoir.

7. Faire une courte pause. Ma mère cruelle ne me permet de me lever pour me dégourdir les jambes, m'étirer et prendre un autre verre de jus d'orange qu'une fois le premier devoir fait.
8. Passer au deuxième devoir en refaisant la même chose.
9. Recommencer encore et encore, et encore, et encore…
10. Dire à ma mère cruelle que j'ai terminé.
11. Mort de fatigue, m'écrouler par terre.

Le jeune garçon qui a établi ces listes les avait affichées au-dessus de son bureau et les consultait fréquemment. Elles l'ont aidé à se concentrer sur son travail et, par conséquent, à développer sa faculté d'attention. Elles ont aussi mis fin aux jérémiades et aux querelles. Et surtout, elles ont permis à cet enfant de vaincre sa tendance à tout reporter à plus tard.

Provoquer un changement en évitant le combat

Lorsqu'un enfant résiste passivement à ses parents en leur servant de fausses excuses pour ne pas avoir à leur obéir et que le père ou la mère décide de passer à l'attaque, il en résulte le plus souvent un match nul donnant lieu à une guerre d'usure. Finalement, l'adulte est tellement excédé qu'il perd son sang-froid et se met à crier, tandis que le bambin est si frustré qu'il pique une colère noire. Mieux vaut donc éviter le combat en offrant si possible à l'enfant un moyen de capituler avec élégance. Pour ce faire, on peut avoir recours à l'humour: «Bien sûr, je comprends que tu ne puisses pas faire cela tout de suite. Il est vrai que c'est seulement la dix-huitième fois que tu regardes ce film! Alors je t'accorde encore cinq minutes, puis tu nous feras la grâce de venir nous rejoindre à table.» On peut aussi plaisanter carrément avec lui: «Il est vrai que tu dois finir cette tâche extrêmement importante qui consiste à lacer autrement tes chaussures. Nous savons tous combien il est dangereux de mettre des souliers dont le bout d'un lacet est un tantinet plus long que l'autre. Alors, quand pourrions-nous prendre rendez-vous pour que tu sortes la poubelle ? »

Quelle que soit la manière dont vous abordez votre enfant, arrangez-vous pour qu'il vous dise à quel moment précis il fera ce que vous lui demandez. Posez-lui clairement la question : « D'accord, tu ne peux pas mettre un peu d'ordre dans la cuisine maintenant, mais dis-moi à quel moment tu pourras le faire. Dans cinq minutes ? Dix minutes ? Donne-moi simplement un délai. » S'il s'agit d'un bambin n'ayant aucun sens du temps, mettez un minuteur en marche en lui présentant les choses ainsi : « Bon, quand tu entendras la sonnerie, tu iras dans le jardin ramasser tous les jouets que tu as sortis, puis tu les rangeras à leur place, d'accord ? » S'il s'agit d'un petit enfant capable de lire l'heure ou de se repérer dans le temps en fonction d'une émission qu'il regarde à la télévision, dites-lui plutôt : « Très bien ! Mais quand cette émission sera terminée, tu écriras ce petit mot de remerciement à ta grand-mère, d'accord ? »

La résistance passive procure un sentiment de puissance. Par conséquent, si votre enfant a sans cesse recours à de fausses excuses pour ne pas effectuer son travail, dites-vous bien que la procrastination n'est pas le vrai problème. Tout remettre au lendemain n'est en ce cas que le signe d'un refus de se soumettre, d'une rébellion, de difficultés dans votre relation avec l'enfant ou d'un problème que celui-ci est incapable de régler et que ni ce livre ni une bataille acharnée avec votre enfant ne vous permettront de résoudre. Il vous faudra sans doute les conseils d'un professionnel pour savoir comment vous comporter de manière adéquate avec votre fille ou votre fils durant cette période délicate de sa vie.

Néanmoins, il suffit parfois d'exagérer la situation et de réclamer à l'enfant de fixer lui-même un délai pour que les choses s'améliorent :

«Je sais qu'il est de la plus haute importance pour toute la famille que tu alignes de manière parfaite et esthétique tes huit millions de dinosaures dans cette vitrine. Mais ces pauvres chatons ont besoin d'être nourris. Alors dis-moi, s'il te plaît, à quel moment tu leur prépareras un repas somptueux.» Cette stratégie permet de tirer son épingle du jeu tout en essayant de découvrir le véritable problème par un autre biais. Car quand un enfant cherche à provoquer ses parents en reportant sans cesse ce qu'ils exigent de lui, il est certain que quelque chose l'ennuie.

L'autre méthode susceptible de provoquer un heureux changement consiste à distraire l'enfant au moment où il est sur le point d'exploser. Lorsqu'un enfant rétif s'entête et se met à ruer dans les brancards, il peut être en effet préférable de l'entraîner dans une activité amusante ou de détourner la conversation. Un jour où sa fille de deux ans avait décidé de se rebiffer, Réjean s'est mis à danser le tango avec elle et a attendu un moment plus propice pour revenir sur la question de ce qu'elle devait faire. Vous estimez peut-être que cette manœuvre de diversion revient à dorloter un bambin et à le laisser n'en faire qu'à sa tête. Cependant, vous ne devez pas perdre de vue qu'elle s'inscrit dans une démarche visant à aider un enfant à cesser de tout remettre au lendemain. Face à un jeune procrastinateur qui préfère se battre avec vous plutôt que de faire telle ou telle tâche, mieux vaut que vous évitiez de répondre à la provocation. Accordez-vous une pause pour réfléchir à la situation; demandez-vous s'il vaut vraiment la peine que vous remportiez la victoire sur-le-champ, au risque de porter atteinte à la relation que vous entretenez avec votre enfant. Si le distraire vous permettait d'éviter une explosion de colère ou une sérieuse bataille, quel mal y aurait-il à adopter cette solution? Comme je vous l'ai déjà recommandé, battez-vous uniquement sur des points importants.

Déterminer une période de travail

Les batailles et les explosions de colère peuvent parfois être évitées en instaurant ce que l'on pourrait appeler une «plage de travail». Il s'agit tout simplement de déterminer à quel moment de la journée l'enfant devra commencer à faire ses devoirs et durant combien de temps il devra se consacrer uniquement à cette tâche.

Brigitte avait énormément de mal à obtenir que son fils Claude se mette à faire ses devoirs et se concentre sur ce travail. Selon le pédopsychiatre consulté, Claude présentait un léger déficit de l'attention avec hyperactivité. Non seulement il avait de la difficulté à rester en place et à fixer son attention sur ce qu'il entreprenait, mais il n'avait pas du tout le sens de l'organisation. Brigitte a donc essayé d'aider son garçon à résoudre ces problèmes, et, ensemble, ils ont trouvé la solution.

«Nous avons décidé que Claude se mettrait à faire ses devoirs à 4 h et les terminerait à 4 h 45, explique Brigitte. Nous étions d'accord: il devait absolument se consacrer à ce travail durant trois quarts d'heure, au lieu de les bâcler en 20 minutes. Et quand il finirait ses devoirs avant 4 h 45, il devrait utiliser le temps restant soit pour lire un livre soit pour réviser ses leçons et vérifier ses exercices.»

Claude ne s'est pas plié du jour au lendemain à cette discipline. Mais Brigitte a tenu bon. Durant les trois quarts d'heure réservés aux devoirs, elle ne lui accordait rien. Il était hors de question qu'il regarde la télévision, qu'il s'amuse sur l'ordinateur, qu'il reçoive un ami ou qu'il aille jouer dehors. Et s'il ne s'était mis à l'ouvrage que peu avant l'heure du repas, il n'était pas question non plus qu'il s'interrompe pour aller manger: ses parents et ses sœurs se mettaient à table, et il les rejoignait une fois son temps de travail écoulé.

Au début, les parents de Claude ont dû se montrer très vigilants et très patients, mais au bout de quelques jours, leur fils avait déjà compris qu'ils ne badinaient pas. Il s'était aperçu que l'entente qu'il avait conclue avec sa mère était une «vraie règle». Alors, il a fini par accepter de se plier à cette nouvelle règle. Par la suite, ses notes ont grimpé petit à petit. Et sa récompense préférée lorsqu'il revenait avec un bon bulletin, c'était que, de temps en temps, ses parents le «libèrent sur parole» (comme il disait) et l'autorisent à transgresser la règle des trois quarts d'heure de travail.

Quand elle donne à ses étudiants un travail important, C. J. Jonasen, qui est professeur d'espagnol, essaie de leur faciliter la tâche. Elle leur accorde parfois des périodes d'étude au cours desquelles elle supervise leur travail et les aide, collectivement, à se fixer des objectifs réalistes. «Il arrive de temps à autre que des étudiants semblent prendre cette période pour une récréation, précise-t-elle. Et lorsque je leur en fais la remarque, ils m'assurent qu'il leur est plus facile de travailler chez eux, sur leur ordinateur.» Chaque personne étant unique en son genre, il est normal que certains élèves de madame Jonasen profitent au maximum de la période consacrée aux devoirs et que d'autres soient totalement imperméables à cette aide.

Lutter contre la dispersion

Il y a des jours où on ne cesse de tourner en rond. Incapable de se concentrer sur quoi que ce soit, on passe d'une chose à l'autre et à la fin de la journée, on n'a rien fait de ce qu'on devait faire et on se demande à quoi on a bien pu passer son temps. Vous connaissez cela, n'est-ce pas? Eh bien, votre enfant connaît lui aussi ces passages à vide.

De temps à autre, les enfants n'arrivent pas à se concentrer sur ce qu'ils sont censés faire: ils rêvassent, regardent par la fenêtre ce qui se passe dans la rue, s'amusent à faire tourner les roues d'une petite voiture, arpentent leur chambre de long en large ou couvrent de gribouillis des pages entières. Puis ils pleurent à chaudes larmes ou se lamentent. «C'est beaucoup trop difficile et beaucoup trop long. J'ai passé toute la journée sur ce travail, et je n'en suis pas arrivé à bout», se plaignent-ils en vous regardant droit dans les yeux.

Marie-Hélène se tient debout, au milieu de la salle de jeux. Elle tend les bras latéralement et se met à tournoyer. Rien d'autre, juste tourner sur elle-même encore et encore, comme une toupie. Vite étourdie et épuisée, elle s'arrête au bout d'un petit moment et sort de la pièce pour aller s'effondrer près de sa mère, Yasmine, en poussant un long soupir. À bout de souffle, elle gémit qu'elle a passé la matinée entière à faire les poussières dans la salle de jeu, mais qu'elle n'a toujours pas terminé et qu'elle ne peut faire le ménage dans cette pièce sans l'aide de sa mère. Quelques jours après, Yasmine entre donc dans la salle de jeu et dit à sa fille: «O.K., chérie, je vais t'aider à épousseter.» Puis, elle se place au centre de la pièce et se met à tournoyer.

Ce matin-là, Marie-Hélène est demeurée pantoise; elle n'a pas saisi la plaisanterie. Ennuyée, Yasmine en a parlé à trois amies. Ces trois femmes lui ont affirmé qu'elle avait eu raison d'agir ainsi. L'une d'elles a même estimé que tournoyer était parfois la seule chose à faire pour ne pas devenir folle. Une autre lui a dit: «C'était probablement tout aussi efficace que de la harceler, la gronder ou menacer de la punir.» Cette remarque était très pertinente, car les parents ne doivent jamais oublier que, en toutes circonstances, il leur faut absolument garder le sens de l'humour.

Lorsque votre enfant se disperse, lorsqu'il n'arrive pas à fixer son attention sur une tâche, bref, quand il ne tient pas en place, lambine ou rêvasse, ressortez le minuteur. Apprenez-lui à le régler sur une durée pouvant aller de 10 à 30 minutes (ou plus, selon sa capacité d'attention) et à se consacrer à une seule tâche. Sans faire de pause. Sans rien faire d'autre. Ensuite, ce sera terminé; il sera libre d'agir comme bon lui semble. Ce qui est amusant, c'est qu'une fois le travail fini, l'enfant demeure généralement calme et ne se remet pas à flemmarder où à s'éparpiller comme au moment où il avait de la difficulté à se focaliser sur une tâche.

UNE DÉMONSTRATION PAR L'EXEMPLE… ET PAR L'ABSURDE

Les raisons données par les enfants pour expliquer le non-accomplissement d'une tâche sont parfois les véritables raisons de leur conduite, ou du moins leur semblent l'être. Quand un petit doit faire sa toilette en toute hâte avant de partir à l'école, par exemple, il peut lui paraître évident qu'il n'a pas le temps de veiller à laisser la salle de bain en ordre : boucher et ranger le tube de dentifrice qu'il a laissé sur le coin du lavabo, essuyer l'eau qu'il a fait gicler partout, accrocher la serviette humide qu'il a jetée sur le sol. Persuadé d'avoir raison, il tente alors de convaincre ses parents qu'il n'a vraiment pas le temps de faire le ménage de la salle de bain au complet avant son départ à l'école.

Lassé de trouver chaque matin la salle de bain dans un état épouvantable, Simon a un jour calmement et gentiment conduit son fils de 15 ans, Alexandre, dans cette pièce. Là, il lui a demandé de chronométrer le temps qu'il allait mettre à accrocher la serviette trempée, à ranger le tube de dentifrice et à essuyer le comptoir du lavabo. Puis, il lui a demandé d'inscrire dans un calepin les résultats de l'expérience et de calculer le total des secondes qu'il lui avait fallu pour effectuer ces trois opérations. Simon n'a ni réprimandé, ni sermonné, ni puni son fils. Il s'est simplement livré à ce petit jeu jour après jour, jusqu'à ce qu'Alexandre se décide à faire lui-même le ménage dans la salle de bain une fois sa toilette terminée. Comme Simon s'y attendait, l'adolescent avait fini par comprendre qu'il était plus rapide et plus simple de faire cela lui-même que d'assister aux absurdes et longues démonstrations imaginées par son père.

«J'avais du mal à ne pas éclater de rire, reconnaît Simon, mais j'agissais comme s'il s'agissait d'une affaire sérieuse. Mieux vaut éduquer ses enfants en s'amusant qu'en criant après eux. Quand on ne réussit pas à les motiver, il faut leur jouer des tours pour leur ouvrir les yeux. C'est ce que j'ai essayé de faire avec Alexandre, et ça a marché.»

Établir un échéancier : un « compte à rebours »

Vous êtes sur le point de partir au mariage de votre neveu. Vous êtes fin prête, parée de vos plus beaux atours, tout comme votre mari et vos deux fils, très élégants en costume-cravate. Tout à coup, vous voyez votre fille arriver avec nonchalance, les cheveux en bataille, vêtue d'un jean sale et défraîchi. L'air innocent et très étonné, elle s'exclame : «Oh! c'est déjà le moment de partir?» Alors vous vous dites que, là, elle dépasse les bornes, qu'elle se moque de vous. Et vous avez peut-être raison.

Certains enfants sont des roublards, mais beaucoup n'ont tout simplement pas le sens du temps. Et s'ils ne l'acquièrent pas, ils finissent par rejoindre le cortège de ces adultes qui quittent leur domicile à 8 h 45 pour être au bureau à 9 h, alors qu'ils ont une heure de trajet à faire pour y arriver. *Chaque jour,* ces personnes arrivent en retard à leur travail et, *chaque jour,* elles sont vraiment surprises d'être en retard. Par conséquent, elles auraient intérêt, tout comme celles qui ont l'habitude de ne se mettre à l'ouvrage qu'à la dernière minute, à apprendre à effectuer un «compte à rebours».

Le compte à rebours consiste à établir un échéancier, un calendrier de travail, en remontant de la dernière à la première étape d'une longue tâche et en fixant pour chaque étape l'heure ou la date limite à laquelle elle devra être entreprise. Il est presque indispensable d'enseigner cette méthode aux enfants, car ils sont enclins à ne prêter attention aux délais qu'au moment où ils leur sautent aux yeux. À ce moment-là, ils s'attellent à la tâche, mais il est bien trop tard, évidemment.

En premier lieu, il faut aider l'enfant à acquérir le sens du temps. À cet effet, il peut être utile d'accrocher dans sa chambre un tableau en liège ou un calendrier. Sur le tableau, il pourra punaiser d'énormes mémos où il aura noté l'heure ou la date limite d'une tâche à effectuer. Quant au calendrier, il ne lui sera utile que s'il prend l'habitude de l'utiliser. Car il ne suffit pas toujours de mettre un calendrier dans la chambre d'un enfant pour qu'il le consulte tous les jours. Il peut très bien s'imaginer qu'il a été placé là à titre décoratif, en raison des belles illustrations qu'il contient. Mais s'il en a compris l'utilité, il sait toujours répondre à la question : «Quelle est la date, aujourd'hui ?»

Il ne sert à rien d'entourer une date d'un gros trait de crayon rouge sur un calendrier qui n'est jamais regardé. Il faut discuter avec l'enfant de la date d'échéance de tel ou tel travail et s'assurer qu'il y prête attention.

Une fois que l'enfant a bien saisi l'importance de la date d'échéance, de l'heure limite ou de toute autre limite temporelle, il faut l'aider à scinder la tâche en petites étapes afin d'établir un échéancier ou un horaire. Et ce, sans se décourager, car l'apprentissage de cette technique est parfois un travail de longue haleine.

Si votre fille doit être prête à midi pour partir au mariage de votre neveu et qu'elle doit partager la salle de bain avec les autres membres de la famille, expliquez-lui qu'elle devrait prévoir de faire sa toilette beaucoup plus tôt qu'elle ne le pense. En effet, elle ne peut se présenter avec insouciance à midi moins vingt devant la porte de la salle de bain et s'attendre à pouvoir en disposer aussitôt, puisque quatre autres personnes sont susceptibles de l'occuper à ce moment-là.

Prenez le temps de discuter de la question avec votre fille afin de l'amener à déterminer le moment où elle devra commencer à se préparer. Partez de l'heure limite où il lui faudra être prête (midi), puis effectuez le compte à rebours des différentes étapes de l'opération. Si elle a besoin de laver ses longs cheveux, elle pourra prendre sa douche à 10 h et ensuite, elle pourra regarder la télévision si elle en a envie. Mais avant cela, de préférence la veille, elle devra choisir les vêtements qu'elle portera le jour de la cérémonie et vérifier s'ils n'auraient pas besoin d'être lavés ou s'ils ne nécessiteraient pas quelque travail de couture. Tous ces détails sont à prendre en considération à l'avance. Car la famille ne va tout de même pas se retrouver en situation de panique totale parce qu'une adolescente a attendu la dernière minute pour se préparer et a désespérément besoin de l'aide de tous pour se tirer d'affaire.

Les longs travaux scolaires

Les travaux scolaires importants requièrent d'être planifiés en effectuant un compte à rebours. Si votre enfant doit remettre un travail pratique à la fin du mois, discutez avec lui de ce qui se passera s'il attend la veille au soir pour réfléchir au matériel dont il a besoin, au sujet qu'il veut traiter et à la manière dont il s'y prendra pour effectuer ce travail.

Les travaux pratiques, les dissertations et les exposés réclament en général de recueillir ici et là des renseignements, des documents ou du matériel, ou bien d'aller faire les magasins pour trouver certains articles de papeterie et instruments nécessaires. Par conséquent, votre enfant aura souvent besoin de votre concours. Alors il doit vous faciliter la tâche en prenant l'habitude de vous informer à l'avance de ce qu'il lui faut pour ces travaux et de leur date de remise. En retour, non seulement vous lui donnerez un coup de main chaque fois que vous le pourrez, mais vous l'aiderez à planifier son travail jusqu'à ce qu'il ait pris l'habitude de le faire et cessé de dédaigner les dates d'échéance.

Veillez à ce qu'il comprenne bien qu'il a besoin d'établir des échéanciers, c'est-à-dire fixer lui-même les dates auxquelles il doit s'attaquer aux différentes étapes de chacun de ses travaux. Apprenez-lui à planifier un travail en remontant dans le temps à partir de la date de remise de ce devoir. S'il a un devoir de peinture à rendre à la fin du mois et que ce devoir nécessite à son avis plusieurs soirées de travail, il aurait tout intérêt à le commencer le 25. Car le jour où il devra rendre son œuvre, ne serait-il pas très embêté de s'apercevoir que la peinture n'est pas sèche?

Avant de se mettre à peindre, votre enfant devra rassembler tout le matériel voulu, ou du moins vérifier qu'il ne lui manque rien. Il pourrait faire cela la veille, le 24. Rassurez-le en lui précisant que vous lui montrerez comment dresser la liste de tout ce dont il aura besoin et que tout au long de ce premier travail en collaboration avec lui, vous l'aiderez à respecter son échéancier.

Néanmoins, si votre enfant a besoin que quelqu'un l'emmène faire des achats, personne n'en aura peut-être la possibilité le 24. Alors mieux vaut qu'il se donne une certaine marge de sécurité en prévoyant d'établir la liste du matériel nécessaire un peu plus tôt. Il doit se rendre compte que les adultes ne sont pas en mesure de tout laisser en plan ou de quitter leur travail au beau milieu de l'après-midi pour porter secours à une écolière ou un écolier qui a repoussé jusqu'à la dernière minute le moment de s'atteler à la tâche.

Au départ, vous devrez aider votre fille ou votre fils à planifier ses travaux selon un compte à rebours, en l'incitant à parler de ce mode de planification et à y réfléchir. Certains enfants trouvent difficile, au début, d'établir un programme de travail en partant de la fin pour arriver au commencement ; d'autres estiment que c'est la manière de procéder la plus naturelle au monde. Je venais juste d'entrer à l'école secondaire lorsque je me suis aperçue que tout le monde ne lisait pas la fin d'un livre avant le premier chapitre, ou ne feuilletait pas une revue de la dernière page à la première page. Je fais naturellement les choses à l'envers. Par conséquent, j'ai vite appris à effectuer des comptes à rebours. Cette méthode de planification plaît aux enfants qui aiment raisonner par déduction, c'est-à-dire en partant des effets pour remonter vers la cause. Mais elle donne du fil à retordre à ceux qui préfèrent examiner les choses dans leur ordre chronologique. Quoi qu'il en soit, elle touche de nombreux aspects de leur existence, et en définitive, ils sont tous heureux qu'on leur ait appris cette technique.

Les stratégies présentées dans cet ouvrage visent essentiellement à vaincre une mauvaise habitude, la procrastination, en favorisant l'adoption de nouvelles habitudes. Cependant, amener un enfant à prendre l'habitude de planifier son travail ne se fait pas toujours sans mal. Au départ, il est généralement difficile d'acquérir une habitude. Quand on apprend à taper à la machine ou à jouer d'un instrument de musique comme la guitare et le piano, on a l'impression que les doigts ne se délieront jamais, qu'ils ne feront jamais aisément les mouvements voulus. Puis, on s'aperçoit que plus on s'exerce, plus les mouvements deviennent naturels. Il en est de même quand on apprend les rudiments de la planification : plus on pratique cette méthode, plus il devient facile et naturel de planifier son travail. Finalement, on se dit : « Bon, j'ai cela à faire pour telle date. Alors je vais remonter le fil du temps pour me fixer des dates limites, ainsi je saurai exactement quand je dois me mettre à l'œuvre. »

Une récompense à chaque étape

Lorsqu'ils donnent à leurs élèves un devoir de longue haleine, comme un travail de fin de session, les professeurs les aident souvent à établir un calendrier : huit semaines avant la fin du trimestre, ils devront faire ceci, six semaines avant, ils devront faire cela, et ainsi de suite. Cependant, ils ne les encouragent pas à se récompenser quand ils ont accompli une tâche. Or, qu'un programme de travail ait été établi par l'enseignant, leurs parents ou eux-mêmes, les enfants devraient s'offrir une récompense à la fin de chaque étape.

En prenant l'habitude de se récompenser de son travail, votre enfant découvrira le secret d'une vie équilibrée, secret que de nombreux adultes ne semblent pas avoir percé. Au début, vous devrez peut-être le récompenser vous-même, mais à mesure qu'il mûrira, vous devrez l'aider à trouver des moyens de se récompenser lui-même. S'il doit rédiger un rapport de lecture sur tel ouvrage et commence à lire ce livre bien à l'avance, demandez-lui qu'il vous avertisse au moment où il en sera à la moitié du bouquin. À ce moment-là, proposez-lui une petite sortie. Et ne lésinez pas sur les compliments, les encouragements et les manifestations de joie.

De nombreux parents estiment qu'ils n'ont pas à récompenser leur fille ou leur fils d'avoir établi un calendrier de travail et de l'avoir suivi à la lettre, pour finalement terminer leur devoir en temps et en heure. Ils proclament haut et fort que cela n'a aucun sens de récompenser des enfants qui ont fait simplement ce qu'ils étaient *censés* faire. Ils affirment qu'agir de la sorte revient à leur offrir des pots-de-vin.

Cependant, il ne faut pas oublier deux choses : primo, les enfants dont il est question sont des procrastinateurs qui essaient de vaincre une mauvaise habitude et d'en acquérir de nouvelles ; secundo, ces nouvelles habitudes leur seront utiles jusqu'au restant de leurs jours, dans leur vie professionnelle et leurs relations ainsi que dans le maintien d'une bonne santé mentale et physique. Ce que certains parents considèrent comme des récompenses ou des «pots-de-vin» s'apparente à ce que les patrons donnent à leurs employés bûcheurs et nomment «primes» ou «augmentations de salaire». Cela correspond aussi aux réductions de prime que les compagnies d'assurances offrent aux bons conducteurs. Ou encore au salaire que vous recevez en l'échange de votre travail. Pourtant, vous faites simplement ce que vous êtes censé faire.

Je ne préconise pas ici de soudoyer les jeunes procrastinateurs, je dis qu'il est souhaitable, au début, d'avoir recours aux récompenses dans le but de les aider à se débarrasser de l'habitude de tout remettre au lendemain et à contracter celle de faire leur travail sur-le-champ. Et je ne parle pas de leur offrir une voiture ou un voyage dans un pays lointain, mais de leur donner de petites récompenses : de modestes cadeaux ou d'agréables moments en notre compagnie. Et quel merveilleux présent nous leur aurons offert quand nous leur aurons appris à célébrer la réalisation d'un travail bien fait !

La vérité que cachent les excuses

De la procrastination découlent une honte, un sentiment de culpabilité et une anxiété très intenses. En vérité, votre enfant invente peut-être des excuses pour *vous* cacher ce qu'il croit être la réalité, c'est-à-dire qu'il est incapable d'accomplir ce qu'il veut faire. Il est plus facile de dire : «Je n'ai pas eu le temps de faire mon devoir de mathématiques», que de dire : «Je ne sais pas faire mon devoir de mathématiques. Je crains de ne pas être assez intelligent pour comprendre les maths.» Il est également plus facile de prétendre : «J'ai oublié d'appeler grand-maman pour lui demander de m'acheter un billet de tombola», que d'avouer : «Je suis terrifié chaque fois que je dois vendre quelque chose – en particulier ces maudits billets de tombola. J'ai toujours peur d'être envoyé sur les roses et de me mettre à pleurer. Et là, j'aurais l'air de quoi?»

Les jeunes procrastinateurs submergés par la honte, la crainte et l'anxiété ont en général l'impression de ne savoir rien faire alors que leurs camarades réussissent toujours à faire ce qu'ils ont à faire. Ils pensent qu'ils ne sont pas doués, que les autres enfants ont des capacités qu'ils n'ont pas. Les fausses excuses leur permettent de cacher (espèrent-ils) ce terrible défaut aux membres de leur entourage, ou du moins d'éviter d'avoir à en discuter avec eux. Elles leur permettent aussi de ne pas faire face à leur problème.

La procrastination ayant vraiment un effet néfaste sur l'estime de soi et la confiance en soi, les enfants portés à tout ajourner estiment être des incapables, des bons à rien. La fausse excuse du genre «Je n'ai pas le temps» se révèle alors un moyen de ne pas reconnaître ce qu'ils croient être la véritable raison de leur conduite: ils ne sont pas capables de faire ceci ou cela, ils sont trop bêtes, ou trop gringalets ou trop petits, bref, trop «nuls» pour réussir à le faire. Ils préfèrent laisser croire que le report continuel d'une tâche est lié à un problème d'emploi du temps que d'être jugés inaptes à exécuter cette tâche. Les fausses excuses sont également en rapport avec des craintes dont nous parlerons au Chapitre 7. Tous ces mécanismes sont inconscients, bien sûr. Les jeunes procrastinateurs ne comprennent pas les vraies raisons de leur comportement et ne prennent pas volontairement la décision de raconter des mensonges.

Par conséquent, il faut chercher la vérité que cachent les excuses. Ainsi, on découvre parfois que l'enfant n'accorde en fait aucune importance à la tâche à accomplir ou se moque éperdument qu'un devoir ne soit pas terminé. En pareil cas, l'adulte devrait réagir en lui précisant la chose suivante: «Tu n'as pas à te soucier de ce travail. Je ne te demande nullement de t'y intéresser. Je te dis simplement que si tu veux avoir le privilège de regarder la télévision, tu dois t'arranger pour faire ce que tu as à faire. Ou que si tu veux être autorisé à conduire la voiture, tu dois faire tes devoirs en temps et en heure, et les faire correctement. C'est tout. Tu n'as pas à te faire de souci.»

Claire a deux fils, des adolescents musclés et ayant une bonne tête de plus qu'elle. Pourtant, elle n'hésite pas à leur imposer ses conditions. «Je ne vous demande pas la lune, leur dit-elle. Je vous demande simplement de faire cela si vous voulez pouvoir ressortir un jour de cette maison.» Il est important de présenter les choses avec humour, même quand on réprimande un petit ou un jeune. Ce dernier est alors moins enclin à faire la sourde oreille que lorsqu'on rouspète et il est tout aussi apte à prendre les remarques au sérieux.

Certains enfants semblent ne s'intéresser à rien. Apparemment, rien ne les captive, rien ne les tente, rien ne les motive, pas même les récompenses ni les privilèges. Cependant, je n'ai jamais rencontré un seul enfant, un seul adolescent qui ne soit pas intéressé par *quelque chose*. Quand des enfants ne sont pas stimulés par les récompenses, ils le sont souvent par le risque de perdre un privilège. J'ai également constaté un autre phénomène : ils en arrivent parfois à une telle obstination, à une telle résistance et à une telle volonté de défier qu'ils préfèrent se montrer indifférents à ce qui les attire que de donner à un adulte la satisfaction de «gagner».

Enfin, la procrastination peut aussi être liée, en réalité, au simple fait que telle ou telle tâche rebute l'enfant. En ce cas, il faut voir avec lui s'il n'y aurait pas un moyen de rendre cette tâche un peu moins pénible ou ennuyeuse pour lui (à ce propos, se reporter au Chapitre 4).

Les excuses : une habitude ou une quête de pouvoir ?

Face aux excuses, il faut toujours se demander si elles ne traduiraient pas une rébellion. Lorsqu'un enfant se sent impuissant dans une relation ou dans une situation, il a souvent l'impression que le contrôle exercé sur lui par ses parents est si fort qu'il n'est pas en mesure de se quereller avec eux ou de leur désobéir. Par conséquent, il accepte de faire le travail qu'ils exigent de lui, mais ensuite, il ne cesse de reporter ce travail. Cette inactivité peut agacer les parents au plus haut point, les mettre en rage ou les frustrer, mais elle donne à l'enfant un sentiment passager de contrôle ou de puissance. La résistance passive est une stratégie qui peut être adoptée à un très jeune âge.

Le meilleur moyen de mettre fin à ce petit jeu est d'aider l'enfant à acquérir le sentiment qu'il peut maîtriser son existence, qu'il détient un certain pouvoir. Pour ce faire, il est très utile de discuter avec lui de son comportement, en lui offrant les conseils donnés dans ce livre – ce qui lui montre qu'on s'intéresse à lui. Il est tout aussi utile de le laisser prendre des décisions (appropriées), comme choisir la récompense qu'il souhaite recevoir ou s'offrir une fois tel ou tel petit boulot effectué, ou encore déterminer de quelle façon diviser un travail ardu en petites tâches plus faciles à accomplir.

Enfin, dans la quête de la vérité que cachent les excuses, il est bon de se poser une dernière question, mais non la moindre: «Mon enfant ne prendrait-il pas exemple sur *moi*? Ne m'aurait-il pas entendu un jour lui répondre que je n'avais pas le temps de faire quelque chose pour lui ou avec lui, puis ne m'aurait-il pas vu sitôt après en train de regarder la télévision, de préparer mes affaires pour partir jouer au golf, de lire un bouquin ou de me livrer à quelque autre activité plus importante à mes yeux?» Car les adultes, eux aussi, tombent parfois dans le piège des fausses excuses. C'est la raison pour laquelle, au cours de leur démarche pour aider leur enfant à trouver des moyens de vaincre la procrastination, les parents sont très souvent obligés de modifier certaines de leurs façons d'agir. Tout comme leur fille ou leur fils.

Durant la période où vous travaillerez avec votre enfant contre sa tendance à tout remettre au lendemain, vous jetterez les bases d'un avenir meilleur, plus constructif et plus satisfaisant pour lui. Sous tous ses aspects, sa vie adulte sera totalement différente grâce à ces quelques mois où vous aurez investi du temps et de l'énergie dans cette entreprise.

TRAVAIL EN ÉQUIPE

Questions à discuter
- Pour quelle raison votre enfant remet-il à plus tard ce qu'il doit faire ? Comment pourriez-vous résoudre ce problème ensemble ?
- La planification

ÉTAPE SUIVANTE

Idées à mettre en pratique
- Fixez une heure à laquelle votre enfant se mettra régulièrement à une tâche qu'il a l'habitude de reporter à plus tard et le temps durant lequel il devra se consacrer uniquement à cette tâche.
- Dans les films, les émissions de télévision et la vie courante, faites-lui remarquer les fausses excuses que certaines personnes invoquent plutôt que de reconnaître leur responsabilité.
- Votre enfant aurait-il besoin qu'un moment fixe de la journée soit réservé à ses devoirs ?
- Si vous soupçonnez que les excuses cachent une rébellion ou traduisent une résistance passive, aidez votre enfant à acquérir un sentiment de contrôle en le laissant prendre des décisions adéquates ou établir des priorités.

CHAPITRE 6

LE PERFECTIONNISME

Perfectionnisme et procrastination vont de pair. D'une part, le perfectionnisme est fréquemment ce qui empêche les enfants de se mettre à l'œuvre, car tout doit être parfaitement en place avant qu'ils n'entreprennent une tâche. D'autre part, il exige qu'ils accomplissent un travail parfait.

Le revers de la médaille, c'est que les perfectionnistes n'arrivent pas à mettre le point final à un travail tant qu'ils ne l'ont pas effectué… à la perfection, bien sûr. Or, si ce travail est de nature subjective ou artistique, il ne peut jamais être considéré comme fini, puisqu'il ne peut jamais être jugé parfait. Ainsi, certains enfants ont beaucoup de difficultés à venir à bout de leurs devoirs de dessin : « Quand j'avais un devoir de peinture, je le retouchais sans cesse, jusqu'à ce que ce soit un tel barbouillage que je devais tout recommencer à zéro », se souvient une jeune femme. D'autres enfants s'y reprennent maintes fois avant de se décider à rendre un travail. « Je remettrai mon rapport de lecture un petit peu en retard ; il faut juste que je le réécrive une dernière fois », se disent-ils.

Les enfants placent parfois la barre très haut : leurs ambitions sont très grandes et leurs critères, très exigeants. De ce fait, ils sont fréquemment frustrés ou se mettent vite en colère. La plupart d'entre eux sont brillants et créatifs. Mais ils ont peur de tellement de choses. Dans le chapitre suivant, j'aborderai la question des peurs spécifiques. Cependant, les critères des jeunes perfectionnistes ne sont pas toujours en rapport avec ces peurs-là. Leur besoin impérieux de tout accomplir à la perfection (qui est habituellement inconscient) dépend de multiples facteurs, qu'ils sont incapables de déterminer ou dont ils ne veulent pas parler. Ils peuvent craindre de :

- blesser ou décevoir leurs parents ;
- perdre l'amour ou le respect que leur témoignent leurs parents, leurs professeurs ou toute autre personne importante à leurs yeux ;
- sembler méchants ou être méchants ;
- être ridiculisés ;
- paraître insensés, stupides ou paresseux ;
- obtenir un piètre résultat ;
- ne pas être aussi bons que certains autres enfants (un frère ou une sœur, un cousin ou une cousine, un camarade ou une camarade de classe, un ami ou une amie) ;
- ne pas être capables d'accomplir une tâche, en raison de soi-disant défauts physiques ou d'un présumé manque de capacités intellectuelles ;
- ne pas réussir à faire un travail remarquable.

Lorsqu'on demande à de jeunes perfectionnistes par *quelle personne* ils ont peur d'être jugés mauvais ou insensés, ils ne le savent pas.

Christine, mère d'une enfant de cinq ans, Isabelle, s'est vite aperçue que sa fille avait adopté la «règle du tout ou rien». Quand la fillette avait colorié un dessin et dépassé un tantinet un contour, elle jugeait son œuvre ratée et se traitait de tous les noms. Souvent, elle arrachait alors rageusement la page de l'album de coloriages. Quand sa mère lui expliquait qu'une si petite erreur ne valait pas la peine de se mettre dans une colère noire, Isabelle lui répliquait invariablement : «Personne n'aimera ce dessin.»

Christine tentait alors de rassurer sa fille en lui affirmant que *elle,* elle aimait beaucoup son coloriage. Peine perdue : Isabelle lui soutenait que personne d'autre ne l'aimerait. Et lorsque sa mère lui demandait : «Mais qui ne l'aimera pas ? Qui est cette personne dont l'avis est si important pour toi ?», la petite se contentait de lui répondre : «Tout le monde.»

Christine n'a jamais découvert qui était «tout le monde», qui comptait tellement dans la vie d'Isabelle qu'elle pestait quotidiennement contre des choses qu'elle n'avait pas faites à la perfection, des choses qui ne plaisaient à personne, hormis sa mère. La fillette craignait les critiques éventuelles des autres, mais les critiques les plus sévères, c'était elle-même qui les formulait. Elle allait devoir admettre un jour ou l'autre qu'elle ne pouvait tout faire à la perfection, sinon sa vie serait une longue succession d'échecs.

Les jeunes perfectionnistes cèdent parfois à la procrastination pour la simple raison qu'il leur est impossible d'atteindre leurs objectifs. Étant donné leurs grandes ambitions ou leurs critères trop exigeants, ils ne peuvent arriver à un résultat satisfaisant quels que soient les efforts déployés et les moyens employés. Jean Frye, une religieuse qui a enseigné pendant 37 ans dans des établissements secondaires, a noté à plusieurs reprises un lien entre procrastination et perfectionnisme. «Au cours de ma carrière, j'ai eu quelques élèves très intelligents mais incapables de remettre leurs travaux en temps et en heure. Certaines fois, ils ne les remettaient même pas. À la longue, je m'apercevais bien qu'ils ne pouvaient rendre un travail non conforme à leurs exigences. Ils faisaient leurs devoirs, mais ils ne les jugeaient pas assez bons pour être remis.»

La crainte de décevoir

La procrastination peut également découler d'un impérieux désir d'être jugé parfait par les parents, les enseignants, l'entraîneur ou le chef d'un groupe de jeunes. Résultat : le petit ou l'adolescent est très gentil, mais il se comporte de temps à autre d'une manière étrange ou impudente. Incapable de reconnaître qu'il a commis une erreur, il ment sans vergogne ou met au point des ruses habiles.

Au cours de ses dernières années à l'école secondaire, Yvonne se souciait énormément de ce que ses parents pensaient d'elle et ne voulait surtout pas les décevoir.

Je me préoccupais tellement du jugement de ma mère et de mon père à mon égard que je repoussais toujours le moment de leur révéler des choses susceptibles de les décevoir. Quand j'avais une mauvaise note, par exemple, je devais faire signer par mes parents un avis les informant de ce résultat médiocre. Eh bien, je signais ces avis en imitant la signature de ma mère ! Je faisais cela en me disant que les notes suivantes seraient meilleures, que mes parents seraient contents de mon bulletin trimestriel et qu'en agissant de la sorte, je leur épargnais donc (ainsi qu'à moi-même) une peine inutile. En général, je ne réussissais pas à obtenir par la suite des notes plus élevées, alors ils étaient déçus de toute façon. Et ce d'autant plus qu'ils avaient découvert la supercherie, qui revenait à leur mentir. Ils étaient peinés que je leur raconte des mensonges. Mais à l'époque, je n'avais pas compris que je voulais leur éviter des désillusions parce que j'accordais une énorme importance à leur opinion à mon sujet. Si je leur avais annoncé les mauvaises nouvelles relatives à mes résultats scolaires, je nous aurais épargné bien des ennuis, des chagrins et des craintes.

En outre, Yvonne pense que sa tendance à tout remettre au lendemain provenait également de sa timidité. «Comme j'étais une enfant timide, soit je reportais le moment de me mettre à l'œuvre, soit j'évitais carrément de me trouver dans certaines situations.»

Pour sa part, Hugo est déconcerté par le comportement de son fils Louis, âgé de 13 ans. «Dans le sport, les études, la musique, bref, dans n'importe quel domaine, Louis ne vise jamais à réussir quelque chose, il est uniquement motivé par la crainte de l'échec – c'est-à-dire un résultat qu'il ne considère pas comme parfait. Depuis qu'il est tout petit, il ne s'évalue apparemment qu'en fonction de ce qu'il fait et des résultats obtenus. Et il est continuellement en colère et frustré, parce que ce n'est jamais "assez bon" à son avis. Lorsqu'il réussit très bien quelque chose, il semble n'en tirer aucun plaisir, parce que c'est simplement ce à quoi il s'attendait. Il semble… vide.»

La femme d'Hugo, Yolande, enchaîne: «Nos amis nous disent que nos préoccupations à propos du perfectionnisme de Louis ne sont rien comparées à leurs batailles pour vaincre le désœuvrement, la paresse et l'apathie de leurs enfants. Une voisine m'a répété plusieurs fois que si c'était là notre problème le plus grave, nous avions bien de la chance. Les gens ne se rendent pas compte à quel point le perfectionnisme est contraignant et débilitant.»

Les causes du perfectionnisme: un mystère

L'Américaine Judith Starkey, grande experte en matière d'influences culturelles, a réfléchi aux raisons qui la poussaient, dans son enfance, à tout ajourner. Elle s'est aperçue que c'était toujours son perfectionnisme et que cette tendance était due «à une peur de l'échec, à une peur de ne pas répondre aux attentes, à un constant désir de réussir brillamment et à la crainte de commettre une erreur». «Il était plus sûr de ne rien faire, mais c'était aussi beaucoup moins valorisant», ajoute-t-elle.

Je doute qu'une seule personne au monde connaisse la ou les véritables causes du perfectionnisme. Certains parents soutiennent que leur enfant est perfectionniste de nature, qu'il est né ainsi, et ils en donnent pour preuve le fait qu'à l'âge de 18 mois, il était de toute évidence frustré lorsqu'il n'arrivait pas à un parfait résultat avec un jeu éducatif. D'autres affirment qu'ils savent exactement à quel moment leur enfant s'est mis dans la tête qu'il n'était pas «assez bon».

Rebecca estime qu'elle a commis une grave erreur quand ses enfants étaient petits. Lorsqu'ils faisaient leur lit, débarrassaient la table, essuyaient la vaisselle ou épongeaient le lait qu'ils avaient renversé, elle passait souvent derrière eux pour refaire le travail. Sa sœur lui avait fait remarquer qu'en agissant de la sorte, elle ne leur permettait pas d'être fiers de leur travail ni d'éprouver le sentiment d'avoir accompli quelque chose, mais Rebecca lui avait expliqué que c'était la seule façon d'apprendre aux enfants à effectuer leur travail en visant à obtenir les meilleurs résultats possibles. Puis un jour, Rebecca et son mari avaient dû bêcher une partie de leur terrain pour préparer des platebandes. Rebecca avait ensuite ratissé la terre avec grande minutie pour que le sol soit parfaitement plan et lisse. Une fois arrivée à ses fins, elle se trouvait dans un recoin du jardin en train de contempler son beau boulot quand elle avait vu son mari se mettre à ratisser le terrain au complet.

«J'étais effondrée, raconte Rebecca. J'avais travaillé dur, j'étais fière de moi et subitement, sans dire un mot, mon mari reprenait tout à zéro comme si je n'avais *rien* fait correctement. J'avais envie de l'étrangler avec le maudit râteau. Et j'ai décidé sur-le-champ que jamais plus je ne ratisserais le jardin.

«Mais tout à coup, j'ai compris ce que devaient ressentir mes enfants toutes les fois où je recommençais ce qu'ils avaient fait. J'ai aussi compris comment ils en étaient arrivés à détester certaines tâches, celles que je refaisais après eux. À partir de ce moment-là, je n'ai jamais, jamais refait un travail qu'ils avaient fait. Cependant, deux de mes trois enfants démontrent déjà une forte tendance à toujours juger que ce qu'ils ont fait n'est pas bien fait et ils ont encore énormément de mal à cesser de peaufiner leurs devoirs afin de les remettre à temps.»

Béatrice, quant à elle, met en avant le fait que son fils de dix ans, Patrick, «se définit en fonction de ce qu'il fait et des résultats obtenus». «Son estime de soi repose entièrement sur sa capacité de faire ceci ou cela, explique-t-elle. Par conséquent, il décide parfois de ne pas terminer son travail afin qu'on ne puisse pas le juger sur ses compétences… ou son incompétence en la matière.» Elle a entendu dire que les enfants ont plus besoin d'encouragements que de félicitations, mais elle n'a jamais saisi la différence entre les deux. Un jour où Patrick était en train de fabriquer des serre-livres en bois, elle lui a dit: «Tu es un excellent menuisier, Patrick.» «Non, je n'en suis pas un», lui a-t-il répliqué irrité. Fou de rage, il a rangé tout le matériel sitôt après. Et il n'a jamais fini les serre-livres.

Béatrice a essayé de faire comprendre à Patrick que le processus d'apprentissage et la satisfaction d'avoir accompli un travail étaient beaucoup plus importants que les bonnes notes. Elle a aussi tenté de le lui démontrer (c'est-à-dire de l'encourager) en prenant pour exemple le travail de menuiserie qu'il avait entrepris. Peu après, l'ayant observé à la dérobée pendant qu'il réalisait un ouvrage du même genre, elle lui demanda: «Tu sembles vraiment prendre plaisir à faire ce travail, Patrick. Je me trompe?» Non seulement il lui répondit gentiment, mais il se mit à bavarder avec elle. Elle se rendit compte à ce moment-là que, pour Patrick, parler de son plaisir à effectuer un travail était un compliment «acceptable». Tandis que le féliciter en lui disant qu'il était «un excellent menuisier» revenait à lui proposer un modèle auquel il ne voulait même pas essayer de se conformer.

Ces histoires nous éclairent un petit peu sur les mécanismes du perfectionnisme. Mais la question demeure posée: «Pour quelles raisons certains enfants sont-ils perfectionnistes ?» J'en ai discuté avec des centaines de parents et de thérapeutes du monde entier, et j'en suis arrivée à la conclusion que... personne ne le sait.

Mettre en relief les inconvénients du perfectionnisme

Il est souvent préconisé d'inciter les perfectionnistes à respirer profondément ou à compter jusqu'à dix dès qu'ils sentent monter la colère ou naître un sentiment de frustration. Je ne conteste pas l'efficacité de ces techniques, mais il est à mon avis plus sensé de commencer par leur expliquer que le perfectionnisme est en général contre-productif. En effet, la quête de la perfection entraîne habituellement la procrastination et un état de tension, or ni l'un ni l'autre ne sont compatibles avec les exigences qu'implique un travail assimilable à une prouesse.

Les enfants savent rarement que viser la perfection n'est pas le seul moyen de réaliser un très bon travail. Ils confondent fréquemment les critères de perfection, qui rabaissent au rang de travail sans valeur tout travail imparfait, avec les critères d'excellence, qui valorisent les résultats de grande qualité. En outre, ils ne se rendent pas compte qu'on peut atteindre l'excellence, alors qu'on peut rarement atteindre la perfection.

Par conséquent, je vous recommande vivement de profiter d'un moment avec vos enfants et votre conjoint ou votre conjointe (lors d'un trajet en voiture, au cours d'un repas ou dans toute autre circonstance où l'atmosphère est détendue) pour entamer une discussion sur la différence entre perfection et excellence ; ce serait un merveilleux cadeau pour toute la famille. Vous pourriez alors exposer votre point de vue sur la question.

Les enfants sont très observateurs et de bons imitateurs. Quand ils vivent sous le même toit qu'un perfectionniste, ils sont donc portés à se comporter comme lui. Par conséquent, si vous luttez vous-même contre le perfectionnisme, racontez à votre enfant les ennuis que vous a causés cette tendance et expliquez-lui comment viser l'excellence vous aurait permis de les éviter.

Estelle a conté à ses enfants l'histoire suivante. Un jour où elle écrivait une carte de remerciement à une amie, elle dut s'interrompre au beau milieu d'une phrase. Résultat : lorsqu'elle se remit à son courrier, elle se trompa de mot. Elle le raya, termina la phrase correctement, puis décida que la rature gâchait tout. Elle mit la carte de côté et se promit d'en recopier le texte au propre dès qu'elle aurait une minute. Mais les jours, les semaines, les mois passèrent, et elle ne le fit jamais.

Environ un an plus tard, Estelle reçut une lettre d'une amie. Un véritable rayon de soleil qui égaya toute sa journée. Mais quand elle la relut, elle remarqua qu'un mot avait été barré et réécrit. Elle se dit alors qu'il était préférable de recevoir une lettre imparfaite (avec une rature) qui vous mettait en joie que de ne rien recevoir du tout.

« L'erreur est humaine »

Les leçons que nous tirons de nos erreurs sont celles que nous retenons le mieux et qui nous sont le plus utile. Vous le savez par expérience, n'est-ce pas ? Lorsqu'on adopte une attitude constructive, on peut tirer leçon d'une erreur et poursuivre son chemin. Mais dans le cas contraire, quand on se dit : «Miiiiiiisère ! j'ai commis une erreur. Je ne suis vraiment qu'un bon à rien», on n'apprend rien et on en vient souvent à reporter sans cesse toutes les activités – y compris les activités a priori distrayantes – susceptibles d'être «gâchées» par une erreur.

Pour aider votre enfant à accepter ses erreurs, je vous conseille de lui rapporter ce que Mario a découvert en lisant des biographies. Les passages que Mario préfère sont ceux où le personnage principal commet une erreur ou essuie un échec. «Quelle que soit la personne illustre dont il est question, elle a commis des erreurs énormes et connu des échecs cuisants, dit-il. Et plus la réussite est prodigieuse, plus les erreurs sont nombreuses.

«Selon une biographie d'Abraham Lincoln que j'ai lue, cet homme a perdu plusieurs élections, a vécu la triste fin d'un grand amour et a été hospitalisé pour dépression avant d'accéder à la présidence des États-Unis. Pourtant, il a été par la suite un président remarquable et très populaire.»

Au cours des discussions sur le sujet avec votre jeune perfectionniste ou, mieux encore, en famille, n'hésitez pas à parler de vos sentiments et pensées quand vous faites une erreur. Vous effondrez-vous en vous adressant des reproches ou cherchez-vous la leçon à tirer de cette erreur? Restez-vous fixé sur cette erreur ou repartez-vous sur de nouvelles bases grâce à ce qu'elle vous a appris? Si vous luttez actuellement contre vous-même afin d'essayer de tirer parti de vos erreurs, partagez votre expérience avec vos enfants et votre conjoint(e). Par ailleurs, posez-vous ensemble les questions suivantes:

- Quelle serait, pour notre famille, la meilleure conduite à adopter face aux erreurs?
- Quelles sont les réactions appropriées en cas d'erreur?
- L'un de nous a-t-il déjà appris quelque chose d'une erreur qu'il a commise?
- Pouvons-nous tous tomber d'accord sur le fait que nous accepterons désormais les erreurs et les considérerons comme faisant partie de la vie?

À partir du moment où on accepte ses erreurs, on accepte plus facilement celles commises par les autres. Car on a alors admis que *tous* les êtres humains font des erreurs, que «l'erreur est humaine». Dans la vie, on commet inévitablement des erreurs. Alors, on n'a pas le choix: soit on les laisse nous abattre, soit on les utilise pour progresser.

Essayer de percevoir le monologue intérieur

La plupart des réactions en cas d'erreur découlent d'un monologue intérieur, c'est-à-dire des idées qui nous viennent à l'esprit face à une erreur. Lorsque de jeunes perfectionnistes enragent ou sont frustrés de ne pas avoir fait quelque chose à la perfection, ils sont souvent persuadés de ne pouvoir s'empêcher de ressentir ce qu'ils ressentent. Pourtant, ils le pourraient s'ils considéraient les choses sous un autre angle. Car leurs sentiments découlent de leurs pensées, et leurs pensées, de leur monologue intérieur.

Votre enfant est le seul capable de savoir ce qu'il se dit à lui-même dans les moments où il est dépité de ne pas avoir réussi à atteindre la perfection. Cependant, il n'en a sans doute aucune idée, car ce monologue intérieur est habituellement inconscient. Vous allez donc devoir l'aider à prendre conscience de son monologue intérieur. Pour ce faire, vous pouvez lui confier ce que vous vous dites quand vous commettez une erreur et en discuter ensemble. Vous pourriez, par exemple, partir de cette pensée: «Je suis vraiment stupide», pour en arriver à cette autre: «C'est peut-être idiot d'avoir fait ça, mais je suis encore une personne intelligente.» Vous pouvez aussi lui suggérer des pensées négatives susceptibles de faire partie de son monologue intérieur et l'aider à découvrir celles qui lui semblent correspondre le mieux à ses impressions. Je vous en donne quatre exemples:

- Tout le monde doit m'aimer et avoir une bonne opinion de moi en toute circonstance;
- Je dois être compétent et parfait dans tout ce que je fais;
- Si les gens n'ont pas une bonne opinion de moi, c'est que j'ai tort, que je suis méchant ou que je ne suis pas assez bon;
- Ma valeur en tant que personne dépend de mes résultats.

La petite Isabelle, qui déchirait les pages de son album à colorier quand ses coloriages n'étaient pas parfaits, se disait probablement: «J'ai débordé, maintenant tout le dessin est moche, et personne ne l'aimera jamais.» Sa mère, Christine, pourra l'amener à changer ce monologue intérieur en l'encourageant, à maintes reprises, à se dire: «J'ai débordé un peu, mais le dessin est dans l'ensemble assez joli et j'aime vraiment faire du coloriage; c'est amusant.» Elle pourra aussi lui faire remarquer combien les pensées négatives gâchent totalement le plaisir de faire quelque chose ou d'avoir accompli quelque chose.

Yvonne, qui signait les avis censés informer ses parents des mauvaises notes qu'elle récoltait, se disait peut-être: «Si mes parents découvrent que j'ai de mauvaises notes, cela va les atterrer et leur gâcher la vie, et ils ne m'aimeront sans doute plus jamais.» Lorsque nous découvrons un monologue intérieur, il n'est pas rare qu'il nous paraisse exagéré, voire mélodramatique, mais c'est souvent ainsi que nous nous adressons à nous-même de manière inconsciente. Et cette façon tragique de voir les choses nous cause toutes sortes d'ennuis et nous rend malheureux. Yvonne pourrait modifier son point de vue pour en arriver à se dire: «Quand mes parents s'apercevront que j'ai de mauvaises notes, ils seront déçus. Peut-être me puniront-ils ou exigeront-ils que je travaille davantage. Mais au moins, ils connaîtront la vérité, et je n'aurai plus le sentiment d'être une menteuse et une hypocrite.»

Au départ, essayer de reconstituer un monologue intérieur n'est pas une tâche facile, mais une fois qu'on a quelques indices, l'enquête prend l'allure d'un parcours jalonné de belles surprises. À mesure que l'enfant modifie son monologue intérieur et découvre que ses sentiments (y compris ceux relatifs à ses qualités innées et acquises) changent, il devient en général de moins en moins tendu, de moins en moins procrastinateur et de plus en plus joyeux.

Les parents sont-ils parfaits?

Selon Linda Brakeall, conférencière et coauteur de l'ouvrage *Unlocking the Secrets of Successful Women in Business* («Découvrir les secrets des femmes ayant réussi dans le domaine des affaires»), «il ne faut pas s'attendre à être une mère ou un père parfait, ou simplement compétent, à chaque stade de la vie de l'enfant». «On peut être un parent exemplaire quand l'enfant est bébé et défaillir au moment où il arrive à l'adolescence, explique-t-elle. Ou être formidable avec les adolescents, mais froid et absent face aux tout-petits. Chaque stade du développement de l'enfant requiert des qualités parentales différentes. Il est absurde de s'imaginer qu'on excellera à tous les stades avec tous les enfants. Certaines personnes y parviennent, mais elles sont rares.»

Je suis d'accord. Il *fut* un temps où j'étais une mère parfaite et où je connaissais la réponse à toutes les questions. Puis mon premier bébé a grandi et tout à coup, je me suis aperçue que je ne savais même plus quelles étaient les questions.

Si nos enfants en arrivent à s'attirer des ennuis parce qu'ils s'attendent à être parfaits, il en est pareillement pour nous. Alors, quelle que soit votre relation avec le jeune procrastinateur en quête de la perfection, je vous invite à vous poser les questions suivantes:

- Est-ce que je m'attends à être un parent (ou une grand-mère, un grand-père, une enseignante, un enseignant, une éducatrice, un éducateur…) parfait avec cet enfant?
- Est-ce que je m'attends à toujours avoir réponse à tout? (Personne n'est capable de faire face à toutes les situations, vous savez.)
- Est-ce que je m'attends à pouvoir apprendre à cet enfant toutes les choses contenues dans ce livre?
- Est-ce que je m'attends à ce que mon enfant réagisse tout le temps positivement à cet enseignement, à ce qu'il change du

jour au lendemain et à ce que, par la suite, nous vivions tous heureux jusqu'à la fin de nos jours? (Cela ne serait-il pas ce qu'on appelle un *conte de fées,* par hasard?)

Si, face à tel ou tel problème particulier, vous tentez d'amener votre enfant à adopter un autre mode de pensée ou à changer sa façon d'agir et qu'il ne réagit pas exactement comme vous l'escomptiez, ne soyez ni surpris ni inquiet. Nous ne pouvons jamais prévoir ce que les enfants retiendront du simple fait que *nous* voyons ou faisons tout à coup certaines choses de manière différente.

Vous n'avez peut-être pas encore commencé de parler de la procrastination à votre enfant. Peut-être – je dis bien «peut-être» – vous direz-vous un jour: «Pour aborder la question, je n'ai pas à attendre que le moment soit très propice, que l'endroit soit tout à fait approprié, que mon enfant soit d'excellente humeur, bref que les circonstances soient idéales. J'ai envie de lui parler maintenant de cette mauvaise habitude de remettre tout au lendemain, alors je le fais tout de suite.»

Ce que vous avez décidé de lui dire n'a pas à être parfait. Par conséquent, détendez-vous et ayez confiance en vous.

TRAVAIL EN ÉQUIPE

Questions à discuter

- Si votre enfant a tendance à rechercher la perfection, il est important que vous ayez avec lui quelques discussions à ce sujet. Si vous pouvez l'aider à faire volte-face, vous lui faciliterez énormément l'existence et vous rendrez sa vie beaucoup plus heureuse.
- La quête de la perfection mène à la procrastination et à un état de tension. Votre enfant en a-t-il conscience? Sûrement pas, car la procrastination et le stress ne permettent pas d'effectuer un travail parfait.

- On peut atteindre l'excellence, mais on peut rarement atteindre la perfection.
- Il est normal de faire des erreurs (Parlez à votre enfant des erreurs qu'ont commises des personnes célèbres, comme Abraham Lincoln). Les erreurs que nous commettons nous permettent de découvrir des choses et de progresser.
- Expliquez à votre enfant comment vous vous comportez face aux erreurs que vous commettez.
- Quelle serait, dans votre famille, la meilleure conduite à adopter face aux erreurs?
- Les sentiments dépendent des pensées, et les pensées dépendent du monologue intérieur.
- Vous avez découvert ce que vous vous disiez inconsciemment en certaines circonstances. N'hésitez pas à parler à votre enfant de ce monologue intérieur, surtout si celui-ci est en rapport avec le perfectionnisme ou l'erreur.
- Offrez à votre enfant de l'aider à trouver une formule qui mettra fin à ses pensées négatives (comme remplacer ceci: «Personne ne m'aimera si je fais une erreur», par cela: «Oups! j'ai fait une erreur, alors je ferais bien de voir la leçon que je peux tirer de cette erreur»).

ÉTAPE SUIVANTE

Idées à mettre en application
- Répondre à la question suivante: «Est-ce que j'accepte que mon enfant vise l'excellence plutôt que la perfection?»
- Avec mon enfant, dresser la liste des avantages et des inconvénients que présente le fait de commettre une erreur.

CHAPITRE 7

LA PEUR

L'une des causes les moins apparentes de la procrastination est la peur. La peur demeure généralement tapie dans notre subconscient, mais elle n'en a pas moins le pouvoir de nous paralyser. Ainsi, enfants et adultes peuvent reporter une tâche pendant des semaines, voire des mois, en raison d'une peur dont ils n'ont pas conscience. Pourtant, il suffit souvent de s'apercevoir qu'on a peur et de découvrir ce dont on a peur pour pouvoir s'acquitter d'une tâche sans effort ni combat. La procrastination disparaît comme par enchantement.

Pour favoriser un tel changement, la première étape consiste à déceler les craintes qui vous conduisent à ajourner certaines tâches et à en parler à votre enfant. De cette façon, vous lui mettrez la puce à l'oreille. Il sera donc plus motivé pour explorer ses propres craintes. La seconde étape consiste à discuter avec lui des tâches qu'il remet toujours à plus tard et des craintes que pourrait cacher cette conduite ; c'est le meilleur moyen de partir à la recherche de ce qu'il redoute. Au cours de la conversation, aidez-le à s'exprimer sur le sujet et à essayer de découvrir ce qui pourrait lui faire peur au point de l'empêcher de passer à l'action.

Tant que les peurs demeurent inconscientes, l'enfant ne sait même pas qu'elles existent, et elles ont un pouvoir énorme. Quelles sont ces peurs ? Au chapitre précédent, nous avons exploré la peur d'être imparfait, qui inclut la peur de ne pas accomplir un travail assez bon, la peur de commettre une erreur et la peur de décevoir quelqu'un ou de ne pas être bien vu par quelqu'un. Nous avons aussi traité de la peur de l'échec, que tout le monde semble comprendre. Mais en est-il pareillement de la peur de la réussite ?

La peur de la réussite

L'idée de réussir peut terrifier un enfant. Quand on y songe, ce n'est pas très étonnant. Dans de nombreuses écoles, la réussite n'est pas toujours vue d'un bon œil. Si l'élève est intelligent, il est vu comme un taré. S'il est bûcheur, il est qualifié de lèche-bottes ou appelé «le chouchou de la maîtresse». Les seuls élèves qui acquièrent une certaine popularité grâce à la réussite sont les sportifs et les meneuses de claque.

Non seulement les enfants peuvent avoir le sentiment que la réussite est néfaste, mais ils peuvent craindre les présumées conséquences qu'elle entraîne. Maxime se souvient encore des commentaires de son père au moment où leur voisin avait eu une magnifique promotion. Il avait huit ans et il jouait dans le jardin avec des copains lorsqu'il l'avait entendu dire : «Maintenant, il va sans doute avoir la grosse tête. Il va s'acheter une énorme voiture tape-à-l'œil et il se croira trop bien pour nous adresser la parole.» «J'en ai conclu, plus ou moins consciemment, que la réussite nous transformait en des personnes exécrables, seules, trop méchantes pour avoir des amis. Et je me suis juré que jamais, au grand jamais je ne voudrais avoir la grosse tête, quel que soit le prix à payer.»

À l'instar du petit Maxime, bien des enfants ont l'impression que la réussite a un effet néfaste. Dans leur idée, les gens qui réussissent socialement sont méchants, arrogants, prétentieux, divorcés, isolés, et leurs enfants les détestent. Quant à la réussite elle-même, elle peut être associée au fait de sauter une classe ou d'être mis dans une classe d'un niveau plus fort, voire d'être placé dans une autre école. La réussite peut donc être assimilée au changement et à l'inconnu, à la nécessité de quitter les vieux amis et d'abandonner les bonnes vieilles habitudes.

Certains enfants craignent aussi que s'ils réussissent quelque chose, on s'attende ensuite à ce qu'ils refassent cela tout aussi brillamment. Et que se passera-t-il s'ils n'y arrivent pas? D'autres ont peur que la réussite conduise les gens à les remarquer et à prêter grande attention à eux. Or, ils n'ont nulle envie que les regards se portent ainsi sur eux.

À n'importe quel âge, les enfants sont susceptibles de considérer la réussite comme très effrayante. Chaque fois que l'un d'entre eux atteint un but, puis se sabote lui-même ou se met lui-même des bâtons dans les roues, on a tout lieu de penser que la peur de la réussite est à l'œuvre.

La peur de l'inconnu et du changement

Le changement est l'une des causes principales de l'état de tension, du stress. Le changement est effrayant et semble chaotique, car il entraîne une perte de contrôle passagère. Pourtant, on prétend qu'il constitue la seule constante de l'existence : la vie implique des changements continuels.

De nos jours, les enfants traversent des changements beaucoup plus fréquemment que nous ne l'avons fait dans notre enfance. Cependant, lorsqu'ils reportent constamment le moment de remplir leur dossier d'inscription dans une nouvelle école ou de rencontrer de nouvelles têtes, ils ne soupçonnent généralement pas que la peur de l'inconnu et la peur du changement sont en grande partie responsables de ce comportement.

Quand un petit ou un adolescent traîne à partir quelque part, même s'il s'agit d'un lieu familier, c'est parfois le signe qu'il a peur de s'y rendre. Chez lui, l'enfant se sent en sécurité et à l'aise. Mais lorsqu'il doit aller passer le week-end chez ses grands-parents, il s'inquiète, parce qu'il ne sait pas qui sera là pour jouer avec lui ou si cet oncle qui le taquine toujours ne sera pas présent. Résultat: il tarde à préparer ses affaires.

Si votre enfant reporte continuellement les choses qu'il doit faire afin de préparer son départ pour un endroit qu'il ne connaît pas, comme une nouvelle garderie ou une nouvelle école, je ne vous conseille pas de le talonner. Vous obtiendrez sans doute de meilleurs résultats en lui donnant des informations sur «l'inconnu». Si vous n'avez pas la possibilité de l'emmener auparavant visiter ce lieu, renseignez-le au moins sur certains points: Que mangera-t-il? Comment découvrira-t-il où se trouvent les toilettes? Comment devra-t-il réagir s'il est malmené par un autre enfant? Que devra-t-il faire s'il ne se sent pas bien? Comment pourra-t-il vous joindre en cas de nécessité?

Plutôt que de demeurer dans la peur de l'inconnu, les enfants préfèrent souvent discuter de ce qui les effraie. Juste après la mort de sa mère, survenue au moment où elle venait d'avoir six ans, la petite Sophie ne cessait de demander à tous les membres de son entourage ce qui se passerait si son père mourait. Chacun tentait de la rassurer en lui affirmant que son papa n'était pas près de mourir, mais Sophie persistait à interroger tout le monde à ce sujet.

Finalement, l'une de ses tantes a expliqué à la fillette qu'elle viendrait vivre chez elle. Sophie lui a alors posé des dizaines d'autres questions. De toute évidence, elle avait longuement réfléchi au problème. Devrait-elle partager une chambre avec sa cousine? Que ferait-on de sa maison? Changerait-elle de nom de famille? Serait-elle dans une classe de même niveau si elle devait aller dans une autre école? Pourrait-elle continuer de suivre des cours de patinage? Pourrait-elle revenir dans son ancien quartier pour voir ses amis? Que deviendraient leur chien et leurs deux chats?

La tante n'avait pas la réponse à toutes les questions, mais, consciente que la fillette avait besoin d'être rassurée, elle y répondit du mieux qu'elle put. Elle admet avoir inventé certaines réponses et esquivé plusieurs questions. Par exemple, il lui paraissait impossible d'ajouter les trois animaux de compagnie de Sophie à la véritable ménagerie qu'elle avait déjà à la maison, mais elle n'allait tout de même pas dire cela à une petite fille de six ans qui venait de perdre sa mère. Alors elle lui a dit que, bien entendu, elle viendrait habiter chez elle avec son chien et ses deux chats. Sophie avait seulement besoin de toutes ces paroles rassurantes. Par la suite, elle n'a donc plus posé une seule question sur ce qui se passerait si son père mourait.

Si vous suspectez que la peur du changement ou de l'inconnu est à l'origine de la procrastination dont votre enfant fait preuve, parlez-lui des moments où vous avez énormément redouté un changement et où, finalement, ce changement s'est révélé une expérience merveilleuse. C'est la stratégie qu'Alina a décidé d'employer avec ses quatre petits procrastinateurs peu avant un déménagement. Alina avait demandé à ses enfants d'empaqueter leurs jouets. Voyant que la date du grand départ approchait mais qu'aucun d'eux ne s'était mis à l'œuvre, elle a lancé une discussion sur le thème du changement. Elle a commencé par expliquer à ses enfants combien elle avait été réticente, quelques années plus tôt, à apprendre à travailler sur ordinateur. Les quatre galopins se sont tordus de rire à l'idée qu'une personne pouvait ne pas savoir se servir d'un ordinateur.

Aline a ri avec ses petits polissons de sa grave lacune, puis chacun d'eux a parlé pendant une ou deux minutes de sa propre expérience de la peur face à un changement ou à l'inconnu. Cette conversation, conjuguée à la promesse qu'ils pourraient revenir fréquemment dans le quartier pour rendre visite à leurs copains et copines, sembla calmer la peur qui empêchait ses enfants de faire leurs paquets. Ils se sont enfin décidés à remplir les boîtes qu'elle avait déposées dans leurs chambres quelques semaines plus tôt.

Si vous n'êtes pas en mesure de répondre aux questions que se pose votre enfant sur un changement prévu (car il se pourrait que vous n'en sachiez pas plus que lui à ce propos), expliquez-lui au moins qu'il est normal d'être effrayé par un changement et par l'inconnu. Et n'oubliez pas qu'on se sent toujours mieux une fois qu'on a simplement parlé de ses craintes.

La peur d'être jugé, critiqué ou puni

La peur d'être jugé, critiqué ou puni se cache souvent derrière la peur de commettre une erreur. À l'instar de la petite Isabelle, qui déchirait les pages de son album à colorier lorsqu'elle avait débordé (et dont nous avons parlé au chapitre précédent), nous n'avons en général aucune idée de la personne qui pourrait être en position de nous juger, de nous critiquer ou de nous punir, mais il n'en demeure pas moins que nous craignons de l'être.

La peur d'être jugé, critiqué ou puni se cache également sous la timidité. Plutôt que de risquer d'être blâmé, l'enfant recule: il refuse d'accomplir une « prouesse », de venir saluer les invités, de prendre part à une discussion ou de faire quoi que ce soit d'autre qui puisse mener à un jugement. Pour la même raison, il rejette l'idée de se faire de nouveaux amis ou de vivre de nouvelles expériences.

Quand l'enfant n'a pas une idée claire de ce qu'on attend de lui ou de la façon dont une figure d'autorité jugera son comportement, la peur d'être critiqué le pousse à s'interdire d'agir selon son cœur. S'il a envie d'exprimer un quelconque sentiment à un professeur, au responsable d'un groupe de jeunes ou à tout autre adulte, il se retient de le faire, car il craint d'être jugé – par l'adulte ou par ses camarades.

Au cours d'une kermesse organisée par la paroisse, Éric, un adolescent, remarque la présence de madame Coleman, la mère d'un camarade de classe. Il connaît cette femme depuis le jardin d'enfants, car elle donnait toujours un coup de main aux enseignants lors des sorties de classe et des fêtes à l'école primaire. Il n'entretient aucune relation particulière avec elle, mais il l'aime bien et il sait qu'elle est l'auteur d'un ouvrage publié tout récemment. Il meurt d'envie d'aller la féliciter de ce livre, que sa mère vient d'acheter, et de discuter avec elle, parce qu'il veut lui aussi être écrivain. Cependant, il n'arrive pas à se résoudre à le faire ; il ne cesse de trouver de bons prétextes pour ne pas aller lui parler. Entre le zist et le zeste, il l'observe du coin de l'œil.

Éric s'en veut d'être lâche au point de ne pas oser adresser la parole à madame Coleman, mais rien, se dit-il, ne pourrait lui donner le courage de le faire. Puis, à la fin de la journée, il voit un jeune s'approcher de la femme et l'entend… la féliciter de la publication de son livre. Il voit madame Coleman sourire, remercier chaleureusement l'adolescent et bavarder un moment avec lui. Alors, il se dit : «Cela semble facile. Je peux faire cela.» Et il le fait!

Pour se décider à passer à l'action, Éric avait simplement besoin que quelqu'un lui ouvre la voie, lui montre l'exemple en quelque sorte. Quand un enfant est paralysé par la peur d'être jugé, il peut être très utile de l'aider à voir de quelle façon une autre personne s'y prend pour faire quelque chose ou de lui décrire clairement ce qui se passera s'il fait telle ou telle chose. Même l'encourager à s'exercer simplement à saluer des gens ou à serrer la main de personnes importantes à ses yeux peut lui permettre de renoncer à sa conduite procrastinatrice pour se lancer dans un projet qu'il caresse depuis fort longtemps.

La peur d'une responsabilité trop lourde à porter

La peur d'une responsabilité trop lourde à porter découle parfois de la peur de la réussite. Elle est à l'œuvre quand un enfant craint d'être forcé de se maintenir à un certain niveau de réussite s'il parvient à faire quelque chose brillamment. Inconsciemment, il se demande : « Le fait d'accomplir cette tâche que je reporte sans cesse ne risque-t-il pas d'amplifier les attentes des autres à mon égard ? »

Denis se souvient que son fils, Gaël, s'est montré un élève bûcheur dès le début de sa scolarité. Mais pendant plusieurs années, Gaël a rarement récolté des notes supérieures à la note C. Puis, l'été qui a suivi son entrée à l'école secondaire, il y a eu un déclic. Peut-être Gaël a-t-il simplement mûri ou acquis une meilleure faculté d'attention ? Peut-être a-t-il réussi à vaincre une quelconque difficulté d'apprentissage ?

Quoi qu'il en soit, lorsque Gaël reprit l'école, il continua de travailler avec acharnement, mais il obtint des résultats très différents : il fut inscrit au tableau d'honneur ! Néanmoins, quand il présenta son bulletin de notes à ses parents, il avait un air si découragé qu'ils s'attendaient au pire. Sa mère fut la première à remarquer sa prouesse : « Gaël, tu as réussi à décrocher le tableau d'honneur ! » s'écria-t-elle. D'une voix pleine d'inquiétude, il s'empressa de lui préciser : « Oui, mais, s'il vous plaît, ne vous attendez pas à ce que je le refasse une seconde fois. »

Malheureusement, les enfants, comme les adultes, remettent souvent certains projets au lendemain par crainte de ne pouvoir porter la lourde responsabilité que pourrait faire peser sur leurs épaules la réussite de ces projets.

La peur des sentiments susceptibles d'être éprouvés

Aussi étrange que cela puisse paraître, de nombreuses personnes ajournent certaines tâches non pas en raison des sentiments qu'elles éprouvent habituellement en les accomplissant, mais à cause des sentiments qu'elles pourraient *peut-être* éprouver en les faisant. Elles craignent de se sentir idiotes, gênées, maladroites, ridicules, etc.

La peur des sentiments susceptibles d'être éprouvés peut sembler une raison futile ou stupide de reporter quelque chose à plus tard, mais il faut bien comprendre que son pouvoir est énorme tant et aussi longtemps qu'elle demeure inconsciente. Elle peut paralyser un individu, le rendre incapable d'avancer dans la direction qu'il a choisie et maintenir son emprise sur lui tant qu'il ne l'a pas découverte. Néanmoins, il suffit parfois de la percevoir ou de lui donner un nom pour se libérer de son emprise.

Quand la peur de se sentir idiot est le seul facteur qui empêche un enfant d'agir, il est donc indispensable qu'il en prenne conscience. Même un petit peut reconnaître qu'il est absurde d'être paralysé par la crainte d'éprouver non pas un sentiment inéluctable, donc réel, mais un sentiment éventuel, donc fictif. Et à partir de ce moment-là, il est en général capable de rire et de faire fi d'une telle peur, surtout s'il est certain de ne pas être idiot.

Lorsque nous sommes terrifiés à l'idée de faire ceci ou cela, il n'est pas rare que nous soyons obligés de le faire malgré tout. Quand elle était petite, Rachel avait peur de tout. Tantôt elle pensait : «Je ne pourrais pas faire ça, je serais trop effrayée», tantôt elle se disait : «Je ne peux pas faire ça, c'est trop effrayant.» Puis un jour, son père a estimé que ces craintes tournaient à l'obsession et la condamnaient à vivre continuellement dans la peur. Alors il a sauté sur la première occasion venue pour lui faire remarquer la chose suivante : «Quand tu feras cela, peut-être que tu seras effrayée, peut-être que tu ne le seras pas du tout.» Par la suite, il s'en est tenu à ce message; seuls changeaient les sentiments qu'il évoquait. «Peut-être que tu te sentiras mal à l'aise, peut-être pas. Mais même si tu te sens mal à l'aise, continue malgré tout, va jusqu'au bout», lui a-t-il finalement conseillé.

Rachel a ainsi appris qu'il était normal d'éprouver des sentiments. Elle est maintenant une femme hardie, qui dirige une entreprise en prenant constamment des risques. Elle estime que son père l'a aidée à surmonter sa peur des sentiments quand elle était petite.

La peur du rejet

Dans l'enfance, nous avons tous connu un jour ou l'autre l'angoisse suscitée par l'obligation de vendre des billets de loterie, des chocolats, des calendriers, des cartes de vœux ou tout autre article au profit d'une bonne cause. Cette angoisse provient de la peur du rejet, autrement dit, de la peur de se heurter à un refus et d'être personnellement rejeté. Et cette peur ne disparaît même pas quand il s'agit tout bonnement de vendre quelque chose à grand-maman. Pourtant, les grands-mères sont habituellement de bonnes pâtes, prêtes à acheter n'importe quoi à leurs petits-enfants afin de leur faire plaisir. En réalité, la plupart des enfants doivent être poussés par leurs parents – à grand renfort de suggestions, de conseils et de rappels – pour oser demander aux gens s'ils voudraient bien leur acheter quelque chose. Et leur rêve, c'est de réussir à «convaincre» papa et maman de leur acheter la totalité des billets ou des articles qu'ils ont à écouler. Cependant, ce n'est pas en leur permettant de réaliser ce rêve qu'on peut les amener à progresser. C'est en leur apprenant à surmonter leur peur et à courir le risque d'essuyer un refus qu'on peut les aider à développer des qualités qui leur seront fort utiles leur vie durant et dans de nombreux domaines.

La peur d'être rejeté se manifeste aussi dans les relations que les petits et les jeunes entretiennent avec leurs pairs. Pour un adolescent, il peut être terrifiant de prendre le risque de demander à une fille si elle accepterait de l'accompagner au cinéma ou à une fête. Et combien d'écoliers, de tout âge, préfèrent manger seuls à la cantine plutôt que d'aller demander à des camarades de classe réunis autour d'une table s'ils pourraient se joindre à eux?

Chacun sait qu'il n'est pas mortel d'être repoussé. Toutefois, la perspective de l'être peut susciter une peur aussi intense que le danger d'être éjecté d'un avion sans parachute.

Un curieux effet secondaire de la peur du rejet est la peur de réclamer, de déranger. Certains enfants sont tellement persuadés que leurs demandes sont toujours inopportunes qu'ils ne réclament jamais ce dont ils ont envie. Ils y font allusion, tournent autour du pot en plaisantant ou en touchent un mot à une personne proche de celle susceptible de leur donner ce qu'ils veulent, mais ils ne savent pas demander franchement: «Pourrais-je avoir un verre d'eau, s'il vous plaît?»

Il est capital d'aider les petits à surmonter leur peur de réclamer. Sinon, ils s'attendent à ce que, muni d'une boule de cristal, on lise dans leurs pensées pour connaître leurs besoins et leurs désirs. Puis, lorsqu'on ne réussit pas à découvrir leurs besoins et leurs désirs, ces enfants, tout comme certains adultes, se sentent mal aimés et incompris. Or, pareil sentiment n'est bon ni pour un enfant ni pour un adulte et constitue une terrible entrave à la communication dans toutes les relations. Bref, quand des enfants n'apprennent pas à demander poliment un verre d'eau dès leur plus jeune âge, il y a fort à parier qu'ils seront incapables d'exprimer clairement ce qu'ils veulent à l'âge adulte. Et cela entraînera de grosses difficultés de communication au sein de leurs relations.

Il faut expliquer aux jeunes enfants qu'il est tout à fait convenable de demander poliment ce dont on a besoin ou ce que l'on désire. Il faut aussi leur préciser comment le faire et les aider à comprendre que, dans ce vaste monde, certaines personnes ne leur donneront pas ce qu'ils ont réclamé, mais que cela ne signifiera pas qu'ils les ont importunées ni qu'elles les ont rejetés.

La peur de prendre une mauvaise décision

On pourrait penser que les enfants n'ont aucune décision essentielle à prendre. Pourtant, bon nombre de leurs décisions sont importantes à leurs yeux. C'est la raison pour laquelle, tout comme les adultes, ils sont parfois en proie à la peur de prendre une mauvaise décision. Cette peur s'empare d'eux dès qu'ils sont débordés. Dans ces moments-là, ils n'arrivent pas à décider par quel bout commencer. Quand ils ne cessent de reporter leurs devoirs à plus tard, par exemple, on les croit paresseux, non motivés ou rebelles. Mais en réalité, ils ne parviennent tout simplement pas à déterminer par quel devoir ils vont commencer. Et quand ils décident enfin de s'attaquer en premier lieu au devoir de sciences naturelles ou de français, ils ne savent par quel bout le prendre. Les minutes passent, les heures passent, l'heure d'aller au lit arrive, et ils ne se sont toujours pas attelés à la tâche, parce qu'ils n'ont pas réussi à trancher la question.

Quelquefois, les enfants qui redoutent de prendre des décisions importantes craignent aussi de prendre de petites décisions, comme, dans un restaurant, choisir ce qu'ils vont commander. Pour leur faciliter la tâche, il faut leur donner de l'assurance, leur donner confiance en leurs capacités de décision et les aider à surmonter la peur des conséquences de leurs décisions. Il faut les amener à abandonner l'idée qu'il serait plus terrible de faire face aux conséquences de leurs décisions que de porter le fardeau de l'indécision et de la procrastination.

Par conséquent, dans les moments où votre enfant se trouve sous l'emprise d'une quelconque peur, aidez-le à l'affronter en l'exagérant, au besoin à l'excès. Car, parfois, plus l'exagération est outrancière, plus le résultat est spectaculaire. Demandez à votre enfant d'imaginer ce qui se passerait si ses pires craintes devenaient réalité. Si quelqu'un critiquait son travail ou le rejetait, par exemple, il ne serait pas très heureux, mais il n'en mourrait pas. Il se sentirait mal à l'aise pendant un moment, mais, de toute façon, ne se sent-il pas mal à l'aise quand il reporte sans cesse ce qu'il est supposé faire ?

Imaginons que vous ayez deux enfants procrastinateurs : un garçon et une fille. Si, dans un restaurant, votre fils n'arrive pas à décider ce qu'il va commander, demandez-lui ce qui se passerait si on lui servait le plat le plus mauvais et le plus écœurant au monde. Aidez-le à se représenter ce qui arriverait en lui posant des questions comme celles-ci :

- Mourrait-il s'il sautait un repas ?
- Les autres membres de la famille partageraient-ils leur plat avec lui ?
- Aurait-il le droit de faire remporter son assiette à la cuisine ?
- Serait-il puni, grondé ou contraint de manger ce qu'il y a dans son assiette ? (Là pourrait se trouver la clé de son indécision. Il a peut-être peur que vous ne lui disiez : «Tu as commandé ce plat, alors mange-le, que tu l'aimes ou non !»)

Quant à votre fille, si elle met un temps fou à s'habiller le matin et que, selon vous, ce pourrait être par crainte de prendre une mauvaise décision, demandez-lui ce qui se passerait si elle choisissait la tenue la plus horrible au monde :

- Quelqu'un se moquerait-il de la manière dont elle est habillée ? Son frère ou sa sœur ? Ses camarades de classe ? Vous ?

- Si elle ne s'aperçoit de l'horreur de sa tenue qu'une fois arrivée à l'école, survivra-t-elle à cette terrible découverte ou mourra-t-elle sur-le-champ?
- Si elle se rend compte de son erreur avant son départ à l'école, aura-t-elle le temps de se changer?
- La préviendrez-vous qu'elle est mal fagotée et lui offrirez-vous de l'aider à choisir une tenue seyante?
- L'obligerez-vous à porter cette tenue toute la journée? (Cette obligation pourrait être la principale cause de sa peur de prendre une mauvaise décision. Elle craint peut-être que vous ne lui disiez: «Tu as choisi de mettre ces vêtements, alors, maintenant, tu restes habillée comme ça!»)

L'exagération des craintes peut devenir une habitude à laquelle l'enfant aura recours toute sa vie afin de réussir à surmonter ses peurs. Une autre solution consiste à lui suggérer la décision la plus appropriée – quand il s'agit pour lui de décider de ce qu'il a envie de manger ou des vêtements qu'il veut porter, par exemple – ou bien à prendre certaines décisions à sa place. Cette solution permet de le soulager d'un poids énorme lorsque la décision à prendre est trop difficile ou trop grave pour un enfant de son âge. Par ailleurs, il est dans certains cas bénéfique de mettre l'enfant en garde contre la tentation de remettre ses décisions en question. Justin a donné à ses filles une bonne astuce pour accélérer la prise de décisions: il leur a enseigné qu'une fois prise leur décision de passer à l'action, elles devaient agir et ne plus revenir en arrière.

En aidant votre enfant, quel que soit son âge, à découvrir et à comprendre ses peurs, vous lui donnerez une habitude qui lui sera utile tout au long de sa vie. Durant la lecture de ce chapitre, certains passages ne vous ont-ils pas rappelé des moments de votre existence où la peur de quelque chose vous a conduit à remettre une tâche au lendemain? Les peurs à l'origine de la procrastination sont quelquefois bien cachées, mais une fois que votre enfant saura comment les dénicher, il se libérera vite de leur emprise. Il suffit parfois de déceler certaines peurs pour mettre fin à la procrastination.

CONSEILS À PARTAGER AVEC VOTRE ENFANT

Pour arriver à passer à l'action, il faut découvrir et comprendre la peur à l'origine de la procrastination. Il faut la **DIRE** :

- **D**iscuter de la peur : parler d'une peur quelconque facilite son passage du subconscient à la conscience et réduit son emprise sur nous ;
- **I**dentifier la peur : déterminer ce dont on a peur, donner un nom à la peur ;
- **R**elativiser la peur : la peur n'est qu'un sentiment ; quand on ne cesse de reporter quelque chose en raison d'une peur, on se lance et on le fait en étant effrayé, c'est tout ;
- **E**xagérer la peur : envisager le pire ; quel est le pire qui puisse arriver ?

TRAVAIL EN ÉQUIPE

Questions à discuter
- Les moments où la peur m'a conduit à reporter une tâche à plus tard.
- La manière dont les peurs nous empêchent d'agir jusqu'à ce que nous les ayons nommées :
  - la peur d'être imparfait ;
  - la peur de ne pas être assez bon ;
  - la peur de commettre une erreur ;
  - la peur de décevoir quelqu'un (de l'amener à avoir une moins bonne opinion de nous) ;

- la peur de l'échec;
- la peur de la réussite;
- la peur de l'inconnu ou du changement;
- la peur d'être jugé, critiqué ou puni;
- la peur d'une responsabilité trop lourde à porter;
- la peur des sentiments;
- la peur du rejet;
- la peur de prendre une mauvaise décision.

- Exagérer la peur. Donner des exemples. Aider mon enfant à prendre l'habitude d'analyser ses peurs en les amplifiant.

ÉTAPE SUIVANTE

Idées à mettre en application

- Cesser d'avoir peur de parler à mon enfant des choses que m'apprend la lecture de ce livre. À propos, de quoi ai-je peur, *moi?*

CHAPITRE 8

LE FOUILLIS

Quand vient le moment de ranger une chose dont ils ne se servent plus ou que rarement, les enfants choisissent entre deux directions. La première direction correspond au chemin le plus court : ils remettent la chose à sa place, et c'est terminé. Point final.

La seconde direction peut comporter trois étapes :

- ils remettent à plus tard la décision de se débarrasser de la chose ou de la conserver ;
- s'ils ont décidé de garder la chose, ils reportent le choix du moment et de l'endroit où ils la rangeront ;
- ils savent que le moment de placer la chose, c'est *maintenant* et ils savent *où* ils rangeront cette chose, mais ils se contentent de repousser le moment où ils la mettront à sa place.

Cette seconde direction mène au fouillis.

Étant donné que les enfants d'aujourd'hui ont beaucoup plus de «trucs» à entasser que les générations précédentes, le fouillis est devenu un gros problème pour nombre d'entre eux. Ils vivent dans la pagaille et n'arrivent jamais à trouver ce dont ils ont besoin. Il est donc indispensable de leur apprendre à s'organiser et à mettre de l'ordre dans leurs affaires. C'est le meilleur moyen de les aider à sortir du chaos et à devenir des personnes capables de bien organiser leur vie et d'agir avec efficacité.

Néanmoins, il faut reconnaître que certains enfants arrivent à s'y retrouver facilement dans leur pagaille. Dans leur chambre, le sol est jonché d'objets variés, le bureau est encombré de choses hétéroclites et les étagères des placards croulent sous le poids de leurs affaires placées pêle-mêle ; un chat n'y retrouverait pas ses petits. Pourtant, ils réussissent toujours à mettre la main rapidement sur ce qu'ils cherchent. Comme s'ils savaient où chaque chose se trouve dans cette pièce, alors que leurs parents ne peuvent pas y mettre un pied devant l'autre. Cependant, cette capacité n'est *en aucun cas* une bonne excuse pour refuser de mettre de l'ordre dans ce fourbi.

Il n'est pas rare que des enfants retardent sans cesse le moment de se séparer d'un objet. Ils n'aiment plus cet objet ou n'en veulent plus, mais ils sont attachés à cette vieillerie, peut-être parce qu'ils estiment qu'ils *devraient* la garder ou qu'il n'est pas bien de s'en débarrasser. Il faut donc leur apprendre que nulle personne au monde ne peut *tout* garder et que la vie ne s'arrêtera pas le jour où ils se débarrasseront de cette chose.

Une fois qu'un petit ou un adolescent a acquis la capacité de décider au jour le jour que faire d'un jouet, d'un livre, d'un papier, d'un courriel et d'agir aussitôt conformément à cette décision en le rangeant à sa place ou en s'en débarrassant, il ne vit plus dans la pagaille. Mais pour qu'il acquière cette capacité, il faut lui apprendre à gérer son fouillis. Cet apprentissage comporte quatre étapes : abandonner immédiatement l'habitude de collectionner et de garder tout ; passer à l'action ; se débarrasser une fois pour toutes des choses inutiles ; arrêter l'invasion de choses inutiles.

CONSEILS À PARTAGER AVEC VOTRE ENFANT

Pour mettre fin à la pagaille, appliquer la «méthode anti-fouillis», qui comporte quatre étapes:
1. Abandonner immédiatement l'habitude de collectionner et de garder tout;
2. Passer à l'action: faire place nette
3. Se débarrasser une fois pour toutes des choses inutiles;
4. Arrêter l'invasion de choses inutiles.

Souvent, les enfants en arrivent à vivre dans la pagaille à force de remettre toujours au lendemain les actions suivantes:
- trier les choses accumulées au fil des ans et adopter un système de rangement;
- décider de ce que l'on va faire de telles et telles choses;
- se débarrasser des choses devenues inutiles;
- prendre la décision de ne plus se laisser encombrer;
- s'engager à ne plus courir les magasins pour «regarder» ou acheter des choses superflues.

Quand une collection sème la pagaille

On a l'impression que dès l'instant où un bambin dit: «J'aime les trains électriques» (ou bien les animaux en peluche, les Pokémon, les licornes, Caillou, les poupées Barbie, les dinosaures...), tous les membres de sa famille se concentrent sur les jouets en rapport avec les chemins de fer pour le couvrir de locomotives, de wagons, de rails, de gares et de panneaux de signalisation. En un rien de temps, l'enfant se trouve face à une collection si énorme que, complètement déboussolé, il ne sait plus qu'en faire. En outre, sa chambre peut être tellement envahie par cette collection qu'il ne sait plus où donner de la tête quand il doit essayer d'épousseter les milliers d'objets qui la composent et tenter de trouver un espace pour ranger ses autres affaires.

Contrairement à ce que pensent les membres de son entourage, y compris ses copains et copines, un enfant peut n'avoir jamais eu la moindre envie de commencer une collection. Un jour, il a simplement mis un joli petit singe en plastique sur une étagère, et tout le monde s'est dit : «Chouette! je sais *maintenant* ce que je lui offrirai pour son anniversaire.» Et en un clin d'œil, il s'est retrouvé «l'heureux propriétaire» de toute une cargaison de singes. Mais au milieu de cette collection gigantesque, il ne peut plus retrouver le tout premier singe, celui qu'il aimait vraiment, afin de s'offrir le plaisir de le regarder.

Si votre enfant a une collection qui est pour lui une source de joie, qu'il a un endroit où la ranger et que cela ne vous gêne pas de vous occuper de cette collection, car elle est pour vous aussi une source de joie, il n'y a aucun problème : on ne peut considérer cette collection comme du fouillis. Alors conservez-la et profitez-en.

Cependant, si votre enfant ne prête plus du tout attention à une collection ou, pire encore, s'il en a assez de l'entretenir ou bien d'essayer de trouver une place pour travailler au milieu de tous ces objets n'ayant plus aucun intérêt pour lui, le moment est venu de prendre une décision. En général, ce n'est pas la tâche qui consiste à se débarrasser des objets collectionnés que les enfants reportent, c'est plutôt la décision de mettre un terme à la collection ou de réfléchir à ce qu'ils vont faire de ces objets devenus une telle cause de tracas.

Abandonner l'habitude de collectionner des objets devenus inutiles

La fille de Barbara, Clotilde, a une belle collection de pingouins avec lesquels elle a beaucoup joué durant trois ans. Mais elle s'est lassée de ces jouets. Les petits animaux noirs et blancs qu'elle aimait tant sont devenus des «vieux trucs», comme elle dit, et ils encombrent les étagères et l'armoire de sa chambre. Elle se plaint de n'avoir pas de place pour mettre autre chose, notamment ses livres scolaires, dans cette pièce qui ressemble à un «magasin de pingouins». Elle demande à sa mère s'il n'y aurait pas un autre endroit où elle pourrait regrouper tous ses pingouins, mais Barbara ne trouve pas cette solution raisonnable.

> Quand on n'a pas assez de place pour ranger ses affaires, ce n'est pas parce qu'on manque de place, c'est parce qu'on a trop d'affaires.

Barbara fait donc le tour de la maison avec Clotilde pour lui montrer qu'il n'y a aucune autre pièce où elle pourrait ranger sa collection de pingouins sans transformer cette pièce, *elle aussi*, en un «magasin de pingouins». Puis, elle lui fait une suggestion : les pingouins ont largement rempli leur mission, ils lui ont procuré énormément de plaisir pendant longtemps, par conséquent, le moment ne serait-il pas venu, pour eux, de prendre leur retraite ? Riche idée : Clotilde est bien d'accord.

Il est assez fréquent que les enfants réticents à se débarrasser d'une collection passent par les mêmes stades que Clotilde. Ils ne s'intéressent plus à cette collection, ils n'ont plus de place dans leur chambre, ils réalisent qu'on ne peut pousser les murs de la maison pour leur fournir un espace où ranger leur collection et, finalement, ils reconnaissent le fait que certaines choses doivent quitter le foyer. Néanmoins, ils peuvent abandonner l'habitude de collectionner des choses de diverses autres façons.

Au fond de son cœur, Clotilde savait probablement qu'elle allait devoir se séparer de ses pingouins. Toutefois, sans l'aide de sa mère, elle aurait sans cesse reporté le moment de réfléchir à la question et de trancher.

Passer à l'action : faire place nette

Pour régler le problème du fouillis, il suffit parfois que l'enfant abandonne l'habitude de collectionner, mais c'est rarement le cas : le plus souvent, il faut aussi décider de ce que l'on va faire de la collection commencée et déjà assez considérable. Car la laisser dormir où elle est ne résout rien. Un enfant prêt à dire adieu au fouillis, mais ayant du mal à se séparer de choses qu'il aimait hier encore, ne mérite pas qu'on le laisse vivre au milieu de tout son bazar. Il a besoin qu'on l'aide à se débarrasser de ces objets dont il ne se sert plus, mais auxquels il est encore attaché. Il a besoin qu'on l'aide à s'en séparer sur le plan affectif et il a besoin qu'on l'aide à faire place nette immédiatement en les empaquetant ou en les portant là où ils doivent aller. C'est à cette étape que la plupart des petits et des adolescents cèdent à la procrastination s'ils ne sont pas soutenus et guidés par un adulte pour la franchir.

Barbara et Clotilde ont établi un plan de bataille : Clotilde allait choisir les pingouins qu'elle voulait garder, puis sa mère l'aiderait ensuite à les empaqueter pour les ranger et à se débarrasser définitivement des autres pingouins. Bien qu'elle ait autorisé sa fille à sélectionner autant de pingouins qu'elle le désirait, Barbara estime qu'elle n'en a même pas conservé dix pour cent. Clotilde était prête à se défaire de ces jouets.

Barbara et Clotilde ont pris plaisir à emballer la grande majorité des pingouins et à donner ces objets très mignons aux jeunes enfants des voisins, à des amis de la fillette et à des adultes qu'elle aimait bien : une secrétaire qui travaillait à son école, le médecin qui la suivait et l'épicière qui était toujours gentille avec elle.

À cette étape du ménage par le vide, il vous faudra aider votre enfant non seulement à sélectionner les objets dont il doit se débarrasser une fois pour toutes (Est-ce la collection au complet ou seulement une partie de cette collection ?), mais aussi à les empaqueter et à les emporter là où vous avez décidé, ensemble, qu'ils iraient. Pour sa part, Barbara a aidé Clotilde à empaqueter les pingouins qu'elle voulait garder, elle lui a fourni du papier cadeau pour emballer ceux qu'elle allait offrir et, au cours des semaines suivantes, elle lui a rappelé de prendre l'un des animaux emballés avant de partir chez les voisins, chez une amie, chez le médecin ou à l'épicerie.

Se débarrasser une fois pour toutes des choses inutiles

Les petits comme les adolescents sont souvent prêts à se défaire d'une collection à condition qu'on ne la mette pas à la poubelle. Les enfants étant assez sentimentaux, l'idée de devoir jeter des objets qu'ils ont naguère aimés leur brise le cœur. Par conséquent, la majorité d'entre eux ne le font pas. Tout comme la plupart des adultes, à vrai dire.

Vous vous trouvez donc face à un vrai défi : découvrir des moyens de vous débarrasser, sans les mettre aux ordures, des objets auxquels votre enfant attache une grande valeur sentimentale. Pour commencer, expliquez-lui ce que vous faites lorsque vous en arrivez à avoir tant de livres, de disques ou de vidéocassettes que cela vous complique la vie. Comment choisissez-vous ceux et celles que vous ne pouvez pas garder ? Qu'en faites-vous ? (Si vous supportez de vivre avec toute une collection encombrante de livres, de disques ou de vidéocassettes, il vaudrait peut-être mieux que vous preniez un autre exemple – si possible, l'exemple d'une collection que vous réussissez à gérer.)

Ensuite, essayez de découvrir avec votre enfant le ou les moyens d'éviter que ses objets précieux ne finissent à la décharge publique. Vous verrez qu'il sera moins enclin à la procrastination et plus prêt à se défaire de ses trésors à partir du moment où il saura qu'une autre personne les appréciera à leur juste valeur, les aimera et en prendra soin. Vous pourriez lui proposer de donner sa collection de peluches ou de bandes dessinées, par exemple, à des enfants moins favorisés que lui. Ainsi, non seulement ces objets devenus inutiles ne sèmeront plus la pagaille dans son existence, mais il aura appris une bonne leçon sur la nécessité et le plaisir de prêter secours aux personnes dans le besoin. Cette solution au problème du fouillis requiert de trouver un organisme auquel confier les objets à donner. Mais vous devriez obtenir facilement des renseignements à ce sujet en téléphonant au bureau des services sociaux de votre région, à un responsable de votre paroisse ou à la mairie.

Enfin, si votre enfant est un grand sentimental incapable de se séparer de sa collection, vous pourriez l'aider à empaqueter la collection au complet afin de la remiser dans le grenier, le sous-sol, le garage ou tout autre endroit où elle sera bien à l'abri. Et ce, dans l'espoir qu'il s'y intéressera de nouveau un jour ou l'autre.

Choisir une place pour chaque chose

Certains enfants ne s'intéressent plus du tout à une collection et la trouvent embarrassante, mais ils ne peuvent accepter l'idée de s'en débarrasser ou de la remiser. Leurs parents doivent donc s'efforcer de trouver un moyen commode de l'exposer à l'abri de la poussière, ou hors de la portée du chat, ou encore sans empiéter sur un endroit que leur fils ou leur fille voudrait exploiter à une fin plus utile. En pareil cas, des étagères ou un petit meuble vitré accrochés au mur peuvent permettre de régler le problème.

Ivan a choisi une autre solution : il a suspendu un filet dans un coin de la chambre de son fils afin que ce dernier puisse y ranger tous ses animaux en peluche. Son garçon y a finalement placé ses peluches et, à partir de ce moment-là, il les a eues constamment sous les yeux. Résultat : peu après, il a décidé de choisir les plus belles et a demandé à son père comment il pourrait se débarrasser des plus défraîchies.

Julia, elle, a acheté une petite bibliothèque vitrée pour y exposer la collection de poupées de sa fille. C'était la solution idéale : tout le monde pouvait admirer les poupées joliment placées sur les étagères et, grâce aux vitres, elles n'étaient plus de vrais nids à poussière.

La fille de Céline voulait continuer de collectionner des bandes dessinées, mais elle ne disposait d'aucun endroit où les placer. Celles qu'elle possédait déjà étaient éparpillées aux quatre coins de la maison, de sorte que beaucoup d'entre elles étaient abîmées. Et à l'instar de tous les collectionneurs de livres, la fillette était furieuse quand l'un de ses chers bouquins était «complètement bousillé» par d'autres, en l'occurrence, ses frères. Bref, Céline a proposé à sa fille d'utiliser une des longues et solides boîtes de carton mises dans le bac de recyclage de l'entreprise où elle travaillait, et la petite a décidé qu'elle économiserait des sous pour s'acheter des rouleaux de plastique transparent, afin de pouvoir recouvrir ses bandes dessinées. Qui fut dit fut fait. Céline a pu caser la boîte dans le bas de la penderie de sa fille, et cette dernière recouvre régulièrement ses nouvelles bédés. Dans la boîte, la petite bédéphile les a même classées par genre.

Arrêter l'invasion de choses inutiles

Une fois que l'enfant a sélectionné les objets de sa collection qu'il désire exposer, ceux qu'il veut remiser, ceux dont il accepte de se défaire et qu'il a décidé comment se débarrasser de ces derniers, il lui reste une dernière étape, mais non la moindre, à franchir: arrêter l'invasion des objets de même nature. Faute de franchir cette étape, il se retrouvera toujours face au même problème: le fouillis. Guidé généralement par l'un de ses parents, il doit donc découvrir un moyen de ne plus augmenter sa collection. Et sans tarder, sinon sa chambre sera toujours et encore un véritable bric-à-brac.

La solution la plus évidente consiste à ne plus acheter d'objets pour compléter la collection devenue source de tracas. Mais comment dissuader les amis et les membres de la famille, si affectueux et si généreux, de submerger l'enfant de cadeaux en rapport direct avec sa collection? Clotilde, qui s'était lassée de sa collection de pingouins, n'avait pas eu de mal à en empaqueter certains ni en à offrir d'autres en cadeau aux personnes qu'elle aimait. Elle n'avait pas eu non plus de difficultés à *décider* d'appeler ses amis et ses proches parents pour les informer qu'elle ne collectionnait plus les pingouins. C'est au moment de passer les coups de fil qu'elle a cédé à la procrastination. Voyant qu'elle remettait sans cesse cette tâche au lendemain, sa mère, Barbara, lui a finalement proposé un marché: Clotilde passerait le premier coup de fil, à la personne avec laquelle elle se sentait le plus à l'aise, et si la réaction de cette personne l'embarrassait un tant soit peu, Barbara se chargerait de passer les autres coups de fil.

Quelques semaines avant son anniversaire, Clotilde appela sa tante préférée et lui récita le petit topo qu'elle avait préparé avec sa mère: «Tu sais, maintenant, je ne collectionne plus les pingouins. Mais rassure-toi, j'en ai conservé quelques-uns dans des boîtes et je crois bien avoir gardé tous ceux que tu m'as offerts. Est-ce que tu as envie de savoir ce que je voudrais pour mon anniversaire?»

Clotilde était fière d'avoir réussi à passer ce coup de fil qui, de prime abord, lui avait paru si effrayant. Puis, elle en passa un autre encore. Mais après, elle demanda à sa mère de la tirer d'affaire en terminant le travail. Barbara estimait que Clotilde avait déjà fait un boulot extraordinaire : elle avait pris de grandes décisions et les avait respectées. Et de toute façon, elle devait parler à la plupart des membres de la famille avant l'anniversaire de sa fille. Elle a donc accepté ; elle allait « passer le message » que Clotilde ne collectionnait plus les pingouins.

Parfois, cette stratégie donne les résultats escomptés : les membres de la famille saisissent le message et agissent en conséquence. Parfois, elle ne donne rien du tout. Mon mari est un fanatique des trains électriques. Parmi nos neuf petits-enfants, seul Connor Patrick nourrit de toute évidence la même passion que son grand-père. Si un jour, Connor ne s'intéressait plus aux trains électriques et demandait à grand-papa de cesser de lui offrir des jouets en rapport avec les trains, j'ai la nette impression que mon mari ne comprendrait pas le message. À vrai dire, je pense que si Connor réussissait à devenir président de la République ou recevait le prix Nobel de la paix, papi Tchou-Tchou lui offrirait encore une locomotive.

Les collections sont formidables : elles apprennent des choses aux enfants et leur procurent de grandes joies. Mais elles s'apparentent au fouillis lorsqu'elles ont largement rempli leur fonction, qu'elles n'intéressent plus du tout l'enfant et qu'elles occupent un espace devant être utilisé à d'autres fins.

Le bric-à-brac

Outre les collections, les enfants possèdent une foule d'objets variés qui encombrent leur chambre, débordent de leurs placards et tiroirs, et sont éparpillés dans toute la maison. Ils accumulent ces objets, parce qu'ils reportent constamment l'une des trois tâches suivantes : la sélection de ceux à conserver ; le choix de l'endroit où ils remiseront ou bien porteront ceux non sélectionnés et du moment où ils s'en débarrasseront ; et l'action consistant à se défaire de ces objets.

Les raisons pour lesquelles les gens conservent quantité de choses devenues inutiles sont très nombreuses. Par conséquent, vous allez devoir essayer de découvrir par vous-même pourquoi votre enfant garde tout son bazar. Vous pouvez lui poser la question directement, bien sûr. Mais il comprendra et *vous* comprendrez sans doute mieux les motifs de cette conduite si vous profitez d'un moment où il se trouve en compagnie de copains et copines pour poser des questions comme : «L'un d'entre vous a-t-il trop d'affaires dans sa chambre ? L'un d'entre vous a-t-il un tas de choses dont il ne se sert pas, qui l'encombrent et qui mettent la pagaille dans sa vie ? Savez-vous pourquoi vous gardez tout ce bric-à-brac ?» En outre, il ne se sentira pas mis en cause, et sera donc moins porté à rester sur la défensive, car la question ne s'adressera pas uniquement à lui mais au groupe tout entier.

Mère de trois enfants, dont deux adolescents, et adepte de la «communication en voiture», Ingrid préfère entamer ce genre de conversation en auto, quand sa grosse voiture familiale est pleine d'enfants. D'après elle, l'une des questions ayant suscité les débats les plus animés a été celle-ci : «Avez-vous vraiment envie de garder et de prendre soin de tout ce fouillis ?» Elle l'a maintenant posée à plusieurs reprises et a obtenu des réponses souvent comiques et parfois émouvantes :

«C'est impossible que je m'en occupe, il y a tant de choses que je ne saurais par où commencer.»

«Je me sens en sécurité au milieu de tout mon bazar. Je pense que c'est lui qui me garde et prend soin de moi, ou, du moins, qui exerce un certain contrôle sur moi.»

«Non, je n'ai pas envie de garder tout ce fatras. Mais chez moi, personne ne se préoccupe de la pagaille. Les choses s'amoncellent partout, un point c'est tout.»

«Non, je n'ai aucune envie de conserver tout ce bric-à-brac, et encore moins d'en prendre soin. Mais que faire d'autre?»

Ingrid souligne que bien des réponses traduisaient un sentiment d'impuissance. Comme si garçons et filles luttaient contre le fouillis et que ce dernier était toujours le plus fort.

Ingrid a aussi abordé le sujet sous un autre angle: «Lorsqu'on vous donne quelque chose, cela signifie-t-il que vous devez garder cette chose?» a-t-elle demandé aux enfants. Et elle a été très étonnée de découvrir qu'ils estimaient tous devoir la conserver afin de ne pas froisser la personne qui la leur avait offerte. Elle leur a donc proposé un compromis: ils pouvaient garder l'objet durant quelque temps, puis le remiser ou s'en défaire, soit en le donnant soit en le jetant. Car qui ne comprendrait pas qu'il est possible de se servir de quelque chose ou de s'intéresser à quelque chose pendant un certain temps, mais rarement toute la vie?

Au cours d'une discussion à ce propos, un enfant assis sur la banquette arrière de la voiture a dit à Ingrid: «Moi, je ne peux même pas imaginer comment je pourrais me séparer de la plaque murale offerte par ma grand-mère le jour où je suis né.» Ingrid lui a demandé s'il n'aimait plus cette plaque, s'il la trouvait encombrante ou s'il désirait mettre une autre décoration à la place. Il lui a répondu: «Non, j'aime cette plaque.» «Alors, ce n'est absolument pas une chose à considérer comme faisant partie du fouillis, a-t-elle enchaîné. Tu as juste à la laisser où elle est. Mais si, à un moment donné, tu es fatigué de la voir et y es encore attaché, tu devras trouver un moyen de la ranger en lieu sûr, bien emballée. Ainsi, plus tard, tu pourras peut-être la donner à l'un de tes enfants.» Tous les jeunes passagers (qui affirmaient n'être nullement sentimentaux) ont été séduits par cette idée.

Si vous avez la place de garder certaines choses inutiles, que vous aimez ces choses et que cela ne vous gêne pas d'en prendre soin, il n'y a aucun problème. Mais si votre maison, comme la plupart des foyers, ne peut contenir tous les machins, les trucs et les bidules que votre enfant veut conserver, là, il y en a un, et il est de taille. Par conséquent, dès l'instant où les affaires de votre fille ou de votre fils deviennent un fouillis intolérable, apprenez-lui à effectuer un tri dans ce bric-à-brac.

Abandonner l'habitude de tout garder
Barbara a eu une riche idée le jour où elle a demandé à ses enfants de l'aider, chacun à son tour, à faire le tri dans son fouillis et à se débarrasser des choses inutiles.

Au départ, lorsqu'elle a demandé des volontaires, ses quatre enfants ont trouvé l'idée saugrenue et ont pouffé de rire. Mais sa fille de huit ans, Maggie, lui a finalement proposé de l'aider. Une fois le tri effectué dans la chambre d'amis, un vrai bric-à-brac, Barbara a tenu à marquer le coup. Elle a clamé haut et fort combien l'aide de Maggie lui avait été précieuse, puis elle a emmené la petite au restaurant et lui a acheté un joli maillot de bain.

Tout à coup, comme par enchantement, les trois autres enfants se sont montrés intéressés à donner un coup de main à leur mère. Barbara a alors accordé à sa fille aînée le «privilège» de l'aider à mettre de l'ordre dans son armoire. Elle estimait que, étant la plus vieille, c'était elle qui en savait le plus sur la mode et sur les vêtements qui lui allaient bien.

Brenda a clairement spécifié à ses enfants qu'il ne s'agissait ni d'un boulot ni d'une punition ; ils pouvaient se contenter de l'encourager, assis près d'elle avec des biscuits et une boisson. Elle avait surtout besoin qu'ils la poussent à se débarrasser des choses dont elle ne se servait plus ou des habits qu'elle ne portait jamais, mais dont elle avait énormément de mal à se séparer.

Parvenue au terme de son ménage par le vide, Barbara s'est dit qu'elle allait, à son tour, proposer à ses enfants de les aider à trier les affaires qui encombraient leurs chambres respectives. Mais elle voulait attendre au moins deux semaines avant de le faire, sinon ils auraient l'impression qu'elle leur avait joué un tour diabolique et qu'elle se frottait les mains en se disant : « Hé ! hé ! mes chers petits, on va s'occuper maintenant de mettre *vos* trésors au rebut. »

Cependant, Barbara n'eut pas à patienter deux semaines. À son grand étonnement, sa fille aînée lui demanda peu après si elle pouvait l'aider à libérer de la place dans la penderie de sa chambre, tout en pagaille. Barbara s'empressa de satisfaire cette demande. Cela fait, elle lança à la cantonade : « Qui sera le suivant ? », et ses trois autres enfants s'exécutèrent sans faire appel à elle – Dieu seul sait pourquoi ! Mais les deux filles s'entraidèrent.

Barbara estime judicieux de se faire aider par des petits quand on doit trier ses affaires. À son avis, cela les incite à se débarrasser de leur propre bazar (surtout si on souligne à quel point on aime ce vieux jean tout râpé et que, avec un soupir déchirant et un air éploré, on le jette à la poubelle). Et s'ils n'arrivent pas à abandonner l'habitude de tout garder, il faut les aider à prendre celle de *gérer* leur fouillis. Lorsqu'ils cherchent toujours tel ou tel objet (ou n'arrivent jamais à trouver quoi que ce soit), il faut leur fournir une place pour chaque chose et leur apprendre à ranger leurs affaires à leur place. Le précepte « ranger chaque chose à sa place » peut nous paraître simpliste ; nous l'avons entendu toute notre vie, alors à quoi bon le répéter ? Néanmoins, ce n'est pas un vieux précepte pour les jeunes enfants, et ceux-ci ne se rendent pas toujours compte que certaines choses doivent obligatoirement être rangées à un endroit précis.

Cependant, un enfant peut ne pas « ranger chaque chose à sa place » pour deux autres raisons. Première raison : la « place » en question est hors de sa portée. L'étagère ou le tiroir est trop haut pour qu'il puisse l'atteindre, ou bien la tringle de la penderie est accrochée à un niveau trop élevé pour qu'il puisse y attraper les cintres sur lesquels il est censé suspendre ses vêtements. Deuxième raison : on ne lui a jamais appris à plier ses chaussettes, ses sous-vêtements, ses tee-shirts ou autres habits afin qu'il arrive à les mettre tous à l'endroit voulu.

Les enfants ont quelquefois une jolie petite corbeille à papier ou un ravissant petit panier à linge sale dans leur chambre. Cependant, ils n'ont jamais de jolis petits tas de papiers ni de ravissantes petites piles de linge sale. Par conséquent, ils ont besoin de grands conte-nants pour mettre leurs grosses quantités de papiers à jeter et de vête-ments à laver. Souvent, ils ont aussi besoin de contenants supplémen-taires pour ranger leurs jouets, leurs jeux de société ou leurs peluches. Aussi, assurez-vous que votre fille ou votre fils a des contenants adap-tés à ses besoins. Vous pourriez en outre étiqueter les boîtes de ran-gement et les tiroirs, si vous ou votre enfant le jugez utile, jusqu'à ce qu'il ait pris l'habitude de ranger chaque chose à sa place.

Par ailleurs, il pourrait être bénéfique que vous cherchiez avec votre enfant un endroit où mettre tous les objets dont il n'arrive pas à se séparer, bien qu'il ne s'en serve jamais plus. Valérie s'était toujours demandé pour quelle raison son fils de 15 ans portait continuellement les mêmes tee-shirts, quatre en tout et pour tout, alors qu'il avait tant d'habits. Jusqu'au jour où elle l'a aidé à mettre de l'ordre dans son armoire et sa commode, toutes deux pleines à craquer. Au cours du tri des vêtements, ils ont retrouvé l'uniforme de louveteau qu'il portait à l'âge de huit ans, les tee-shirts qu'il préférait au moment où il était en dernière année d'école primaire et quelques pièces de survêtement qui tombaient en lambeaux, mais portaient la signature de ses amis. L'adolescent a alors avoué à sa mère d'un air penaud qu'il ne pourrait jamais se résoudre à se débarrasser de ces affaires-là. En définitive, son armoire et sa commode étaient bourrées de vêtements qu'il ne portait plus, mais dont il ne pouvait se séparer.

Valérie ne s'est pas battue avec son fils. Elle l'a aidé à ranger ses trésors dans une boîte qu'ils ont mise dans le grenier. À partir de ce moment-là, l'adolescent a disposé de beaucoup d'espace pour placer ses vêtements et il s'est aperçu qu'il pouvait porter bien d'autres hauts que ses quatre tee-shirts habituels. Il lui a aussi été plus facile de ranger ses habits propres dans son armoire et sa commode, qui n'étaient plus pleines à craquer. La solution préconisée par Valérie était toute simple, mais les enfants ont souvent besoin d'être guidés par un adulte pour découvrir la solution à un problème.

Passer à l'action : faire place nette

Thierry, âgé de dix ans, a perdu ses lunettes. Son père appelle tous ses copains pour demander à chacun de les chercher. Le meilleur ami de Thierry, David, promet de ranger sa chambre afin de voir si elles n'y seraient pas, les trouve, mais ne se souvient que trois semaines plus tard d'en informer Thierry. Tout le monde est furieux après David, y compris ses parents. La mère du jeune étourdi fouille alors la chambre de son fils et découvre, dans un recoin, une foule d'objets qui ne lui appartiennent pas. Elle en comprend aussitôt la raison : quand David met de l'ordre dans son bazar, il se contente tout bonnement d'entasser les choses oubliées par ses camarades (comme les lunettes de Thierry) dans ce petit coin.

David effectue de temps à autre un tri dans son fouillis, mais il ne fait rien pour se débarrasser des choses inutiles ou ne lui appartenant pas. Il reporte toujours cette tâche et entasse simplement ces objets. Résultat : le problème du fouillis n'est pas résolu, il s'aggrave même à mesure que les choses s'amoncellent. Quelle perte de temps ! Et quelle conduite absurde ! Oui, mais voilà : David ne sait quelle autre conduite adopter ; on ne lui a jamais dit, ou pas assez répété, qu'une fois un tri effectué, il faut porter les choses là où elles doivent aller ou les remettre à leur propriétaire.

Se débarrasser une fois pour toutes des choses inutiles

Pour remédier au fouillis, certains parents ont pris une excellente habitude : une ou deux fois par an, ils travaillent en équipe avec leurs fils et leurs filles pour trier les jouets et les livres qui ne servent plus et les porter à un refuge pour sans-abri ou à tout autre organisme caritatif. D'autres obligent leurs enfants à donner un jouet aux enfants défavorisés chaque fois qu'ils en achètent ou en reçoivent un. Pour les uns comme pour les autres, il n'est pas difficile de trouver preneur, car il existe de nombreuses associations de bienfaisance. Quelques-unes possèdent des boutiques de revente où les objets peuvent être remis ou proposent d'appeler à date fixe, au moment où leur conducteur fait sa tournée dans la région, afin de savoir si on a des choses à donner.

Dès la première fois où le conducteur de l'association Les Amputés de guerre est venu chez elle prendre des objets qu'elle avait à donner, Suzanne a pris l'habitude d'afficher un mémo dans la cuisine pour rappeler à ses enfants les dates de collecte du bureau régional de cette association. Ainsi, elle leur a donné l'habitude de regarder toutes les six semaines dans leurs chambres, et notamment dans leurs placards et leurs coffres à jouets, s'ils n'auraient pas des choses pour l'association et de mettre ces choses dans un sac. Suzanne n'a jamais à leur rappeler cette tâche. Ses filles et ses fils l'accomplissent volontiers, car ils sont contents que les affaires dont ils ne se servent plus aillent à des enfants qui en ont besoin et qui les apprécieront. Par ailleurs, ils peuvent en tout temps mettre les choses qu'ils veulent donner dans un très grand sac-poubelle que Suzanne place dans le placard à balais après chaque passage de la camionnette.

La sélection des affaires à donner exige toutefois d'être faite avec minutie, car il faut veiller à ne pas remettre à un organisme de bienfaisance des choses inutilisables. Jacques, qui est membre de l'Armée du Salut, souligne le fait que les indigents méritent d'être respectés. Or, ce ne serait pas les respecter que leur faire don de vêtements sales ou usés jusqu'à la corde, de jouets cassés ou ne fonctionnant plus, de jeux incomplets et de livres en mauvais état. Pour éviter de commettre pareil impair, Marianne s'assure que les casse-têtes, les jeux éducatifs ou de société et les jouets comprenant plusieurs pièces sont tous complets. Puis, elle les met dans un sac en plastique avec fermeture hermétique.

Édith a mis au point une tactique différente. Elle commence par choisir avec ses deux petits enfants les jouets qu'ils vont donner. Elle précise d'ailleurs que le verbe «donner» est très important. Il ne s'agit ni de «jeter des jouets» ni de «se débarrasser de jouets», mais de «donner des jouets à des enfants pauvres». Une fois les jouets sélectionnés, elle s'assure qu'ils sont en bon état et qu'aucun élément ne manque. Puis, elle étale un vieux rideau de douche sur le sol de la cuisine, devant l'évier, et le recouvre partiellement de serviettes de toilette. Ensuite, Marianne et ses deux bambins lavent et rincent les jouets en plastique, les mettent à égoutter sur les serviettes, les essuient et les empaquettent.

Marianne explique les avantages de sa tactique de la façon suivante: «Deux ou trois fois par an, nous passons tout un après-midi à sélectionner et à préparer les jouets à donner, mais le jeu en vaut vraiment la chandelle. Nous éliminons les jouets superflus, si bien que les chambres des enfants sont mieux rangées et demeurent des pièces agréables. En outre, le temps que je passe à éponger le sol de la cuisine n'est pas du temps perdu: après, le carrelage est propre et net. Mais surtout, cette tâche permet à mes petits garçons d'acquérir le sens de l'entraide et de cultiver le désir de venir en aide aux personnes moins favorisées qu'eux, du moins je l'espère.»

Arrêter l'invasion de choses inutiles
Lors des discussions à propos de la manière de se débarrasser du fouillis, il faut rappeler aux enfants que l'un des moyens d'y mettre fin

une fois pour toutes consiste à freiner l'invasion de choses inutiles et que pour faire *cela*, il faut commencer par ne plus courir les magasins afin de «regarder» ou d'acheter des choses. Car les enfants ont besoin d'apprendre qu'il y a des limites à tout.

Fixer des limites à un enfant de moins de dix ans réclame de lui enseigner notamment qu'il ne doit pas donner des coups et qu'il ne peut avoir tout ce qu'il désire. Entre dix et treize ans, un enfant doit bien comprendre qu'il lui faut se plier à la discipline de l'école et qu'il ne peut avoir tout ce qu'il désire. À un adolescent, il peut être nécessaire de préciser que les limites à respecter comprennent celles imposées par le code de la route et le couvre-feu, et qu'il ne peut avoir tout ce qu'il désire.

À partir du moment où les enfants s'aperçoivent que les limites sont en fait de vraies règles, ils les acceptent généralement et se comportent en conséquence. Or, une des règles qu'ils sont capables de comprendre à n'importe quel âge, c'est que pour réussir à maîtriser le fouillis, il ne faut pas l'augmenter. Par conséquent, il faut cesser *d'accumuler des choses superflues.*

Si votre enfant a envie d'acheter une chose qui n'est de toute évidence pas nécessaire, ou qui est superflue dans la mesure où il a des choses similaires en abondance, et s'il n'aurait pas la place de ranger cette nouvelle chose dans sa chambre, commencez tout de suite à lui donner l'habitude de se poser trois questions avant d'effectuer de tels achats :

- Étant donné que je n'ai pas de place pour ranger cette chose dans ma chambre (ou dans ma penderie), où vais-je la mettre ?
- Si je rapporte cette chose à la maison, pourrai-je me débarrasser de quelque chose afin de la mettre à la place ?
- Ai-je vraiment besoin d'ajouter une chose supplémentaire à tout le bazar que je possède déjà et qui m'encombre ?

Votre enfant ne doit pas reporter ces questions à plus tard, il doit y répondre *avant* d'acheter toute chose susceptible d'aggraver la pagaille. Si vous les lui posez avant chaque achat non nécessaire, il finira par prendre l'habitude d'évaluer la nécessité de n'importe quel achat avant de le faire. Peut-être auriez-vous aimé qu'on vous donne cette habitude dans votre enfance?

Pour terminer, voici deux questions que devraient se poser les adultes, le cas échéant : Étant donné que nous avons du mal à joindre les deux bouts, que nous n'avons jamais d'argent à déposer dans un plan d'épargne-études ni dans un plan d'épargne-retraite et que nous ne voulons pas que cet enfant vive dans la pagaille, est-il sensé de lui acheter des choses dont il n'a pas besoin? Quelle leçon en tirera-t-il?

LE FRUIT DE L'APPRENTISSAGE PAR RÉSOLUTION DE PROBLÈMES

Stéphanie a trois filles. Il y a quelques années, quand venait le moment d'éliminer le fouillis, l'étape la plus ardue était toujours celle consistant à se débarrasser des choses dont les fillettes ne se servaient plus. Stéphanie savait que ses trois chères petites étaient incapables de jeter ces choses, en particulier les vêtements, les poupées, les disques compacts, les posters et les animaux en peluche qui avaient largement fait leur temps. Aussi a-t-elle décidé d'appliquer la méthode d'apprentissage par résolution de problèmes, aussi appelée «méthode active», pour les amener à découvrir et à explorer divers moyens de se défaire de leurs vieilles affaires. Elle en est ainsi arrivée à leur proposer, plusieurs fois par an, de se pencher sur la question en étudiant à chaque fois un problème particulier.

Pareils exercices de réflexion ont grandement aidé les trois fillettes à rayer de leur existence les choses superflues. Mais le fruit en est encore plus remarquable depuis que deux d'entre

---

elles ont franchi le seuil de l'adolescence : l'apprentissage par résolution de problèmes les a finalement conduites à considérer que tout problème a une solution. Lorsque des filles de leur classe ont un problème, ces camarades ne le voient en général que sous l'angle d'un drame : «Ma vie est fichue», disent-elles. Mais Stéphanie a souvent remarqué que ses deux jeunes adolescentes ont une tournure d'esprit différente : «Essayons de découvrir des moyens de résoudre ce problème», proposent-elles à leurs copines, au lieu d'abonder dans le sens «c'est la fin du monde».

À titre d'exemple, Stéphanie raconte l'histoire suivante : «Quand la meilleure amie de mon aînée nous a annoncé que ses parents allaient divorcer, elle a insisté sur le fait qu'elle était complètement bouleversée à l'idée que son père ne vivrait plus sous le même toit qu'elle. Ma fille lui a aussitôt suggéré quelques moyens de rester proche de son papa. Son amie en a retenu et utilisé certains, et les résultats ont été concluants. Elle et son père ont décidé d'en essayer plusieurs, parce qu'ils tenaient énormément à préserver leur étroite relation. Mes filles ont tendance à considérer les problèmes comme des défis à relever, et non comme des désastres qui vont bousiller leur vie. Ce n'est pas une mauvaise tournure d'esprit à donner aux enfants quand ils sont petits!»

La paperasse

Il y a une génération seulement, la paperasse n'était pas un gros problème pour les enfants. Mais les choses ont changé. C'est incroyable la quantité de papiers qui leur passent aujourd'hui entre les mains. Ils ont encore des albums à colorier et des livres scolaires, mais ils sont en plus envahis par les prospectus publicitaires, les brochures, les feuilles de test, les petits journaux imprimés dans leur école, les cahiers de toutes sortes, les catalogues, les règlements et les feuilles de permission ; parfois, ils sont même abonnés à plusieurs revues. Ils ont un tas de paperasses dans leur chambre, dans les tiroirs de leur bureau à la maison comme en classe, dans leur vestiaire et dans leur sac d'école. Et maintenant que les tout-petits vont à la garderie à temps partiel ou à temps complet, ils croulent eux aussi sous la paperasse, qui ne se limite pas à leurs œuvres artistiques rapportées à la maison.

Face à des montagnes de papiers, les enfants sont souvent aussi indécis que nous le sommes. Comme nous, ils se demandent : « Qu'en faire ? » Alors nous devons les aider à répondre à cette question, sinon ils risquent de s'imaginer qu'ils sont *censés* garder toute cette paperasse. Et pour les aider, nous devons une fois encore passer par les quatre étapes de la « méthode anti-fouillis ».

Abandonner l'habitude de garder tous les papiers

En premier lieu, rappelez à votre enfant que nous avons tant de papiers, de brochures, de revues, de catalogues et de livres que nous ne pouvons les garder tous. Nous ne pouvons même pas en conserver la moitié. Montrez-lui ensuite toute la paperasse que vous recevez et comment vous vous en débarrassez immédiatement afin qu'elle ne mette pas la pagaille dans votre foyer ni votre vie. Ah ! Ah ! même si vous n'avez pas tendance à tout remettre au lendemain, vous pensez que vous aurez peut-être des difficultés à ce deuxième stade de la démonstration, n'est-ce pas ? Mais dites-vous bien que mieux vous gérerez votre paperasse, plus vite votre enfant apprendra à gérer la sienne, sans même que vous ayez à lui montrer ou à lui dire quoi que ce soit, car l'exemple que vous lui donnerez suffira.

Montrez à votre enfant la quantité de papiers que vous recevez, aussi bien à la maison qu'au bureau. Expliquez-lui combien vous avez du mal à vous débarrasser de certains de ces papiers – les catalogues et les magazines, peut-être ? –, mais que vous le faites malgré tout, car vous êtes obligé de le faire. Si vous avez décidé de ne pas renouveler votre abonnement à une revue parce que vous recevez trop de journaux pour les lire tous, dites-le-lui. Et n'hésitez pas à lui parler de *priorités*, puisque vous lui avez déjà appris ce mot. Informez-le que le seul moyen d'éviter d'être submergé de paperasses, c'est de choisir au fur et à mesure les papiers qu'on doit garder et ceux qu'on doit jeter, et que ce choix ne doit jamais être ajourné.

Corinne, 12 ans, est une maniaque de la propreté. Elle veille constamment à ce que sa chambre et ses affaires soient propres et nettes, et, bien sûr, elle n'est pas de ces enfants avec qui il faut se battre pour qu'ils fassent leur toilette et se brossent les dents. Toute jeune, elle a appris à trier ses papiers. Cependant, il y a quelques mois, elle s'est tout à coup sentie épuisée et n'a plus voulu décider quoi que ce soit. Pendant deux semaines, elle s'est contentée de reporter à plus tard toute tâche nécessitant une prise de décision. Quand elle est sortie de ce passage à vide, il y avait déjà une foule de papiers accumulés dans sa chambre, sur son bureau et dans son sac d'école ; on aurait dit qu'elle ne s'en était pas occupée depuis un an. «C'était la pagaille partout, raconte Corinne. Je ne trouvais plus rien ; j'étais obligée de fouiller dans toutes ces paperasses ou de les déplacer chaque fois que j'avais besoin de quelque chose. Il m'a fallu un temps fou pour trier tout ça. *Jamais plus,* je ne reporterai une décision en rapport avec le tri des papiers.»

Passer à l'action : faire place nette
Au cours des opérations de tri de leurs paperasses, les enfants tombent souvent sur des livres, des magazines, des carnets et des papiers

qui n'ont rien à faire dans leur chambre. En pareil cas, ils ne doivent surtout pas se contenter de les empiler dans un coin. Sinon, le fouillis reviendra au galop : la pile de paperasses se transformera vite en une montagne qui ne cessera de gagner du terrain. Et tout sera à recommencer. Le temps passé à accomplir le tri précédent n'aura été que du temps perdu.

À mon avis, il devrait y avoir au-dessus de chaque bureau, dans chaque chambre, au-dessus de chaque comptoir de cuisine, bref, partout où les papiers s'entassent, une pancarte portant cette inscription :

ASSIEDS-TOI ET TRIE,
LÈVE-TOI ET PORTE.

Cette devise rappellera à votre enfant qu'il doit prendre sur-le-champ chaque papier, carnet, livre ou magazine qui n'est pas à sa place dans sa chambre pour le porter là où il va ou le remettre à son propriétaire. Donnez-lui cette bonne habitude en lui montrant l'exemple, en lui expliquant comment s'y prendre ou par tout autre moyen efficace.

Se débarrasser des papiers

Tout comme les adultes, les enfants considèrent les corbeilles à papier comme des ogres qui engloutissent tous les papiers importants. *Non, non et non !* les corbeilles à papier ne sont pas de tels monstres. Ce sont des amies qui ont besoin d'être nourries. Par conséquent, fournissez à votre enfant autant de corbeilles à papier que nécessaire et encouragez-le à alimenter ces amies.

Quand viendra le moment de vous attaquer au tri des paperasses, procurez à votre enfant une grande corbeille à papier ou un grand sac-poubelle pour qu'il puisse y mettre les papiers à jeter à la poubelle ou, mieux encore, à placer dans le bac à déchets recyclables. S'il a du mal à se séparer de vieux livres et magazines, aidez-le à choisir à qui ou à quel organisme les donner. Et s'il se montre réticent à se défaire des papiers en rapport avec sa scolarité, incitez-le une fois par an à s'occuper de ceux des années précédentes. Il se débarrassera plus facilement de papiers vieux de plusieurs années et dont il ne se souvenait même plus que de papiers récents.

Au départ, votre fille ou votre fils aura besoin que vous l'aidiez à établir des limites quant aux papiers à conserver. Sylvain, qui a quatre jeunes enfants, a trouvé une bonne solution. Lorsque ses petits ont fini un travail scolaire majeur (ce qui n'est *jamais* un travail très propre, souligne-t-il, car c'est habituellement un boulot laissant derrière lui des tonnes de brouillons pleins de colle et de paillettes, de papiers découpés, et de cintres sortis pour faire sécher les œuvres), il leur fait remarquer que les choses apprises durant la réalisation d'une création artistique sont plus importantes que l'œuvre elle-même.

Sylvain prend des photos des devoirs terminés, afin que chaque enfant puisse ensuite ranger les clichés de ses œuvres dans un album. De temps à autre, l'une des photos est classée dans l'album familial, mais les bambins sont en général contents de pouvoir simplement conserver trace de leurs œuvres dans leur propre album. Puis, une fois que l'ouvrage est demeuré exposé durant une période raisonnable (autrement dit, le plus souvent, une fois qu'il a été abîmé ou déchiré), Sylvain le met au rebut discrètement, après que tout le monde est allé au lit.

Choisir une place pour chaque chose
Afin que ses enfants cessent une fois pour toutes d'entasser des papiers, Édouard leur a enseigné ceci : « Remuer de la paperasse est à la fois l'une des activités les plus frustrantes et l'une des plus grandes pertes de temps au monde. Apprenez à ne manipuler un papier qu'une seule fois. Et sitôt que vous vous surprenez en train de fouiner dans vos papiers ou de les déplacer, arrêtez cela tout de suite : mettez-les là où ils doivent aller. »

Certains enfants paraissent désordonnés et désorganisés, mais en réalité, ils n'ont tout bonnement aucune idée de l'endroit où ils doivent mettre leurs affaires. Par conséquent, voyez avec le vôtre où il pourrait ranger ses papiers les plus précieux. Il aurait peut-être besoin d'un classeur à anneaux. Et d'une perforeuse, s'il est en âge de s'en servir correctement, et sans en abuser. Sinon, vous perforerez vous-même les feuilles qui ne le sont pas. Par ailleurs, achetez-lui des intercalaires ou des onglets afin qu'il puisse séparer les pages de ses classeurs ou de ses cahiers par sujet ou par année, par exemple.

Si les classeurs ne conviennent pas, une ou plusieurs boîtes dans lesquelles sont livrés les paquets de papier pour imprimantes ou photocopieuses pourraient peut-être convenir. Si vous n'avez pas la possibilité de vous procurer quelques-unes de ces boîtes mises au rebut dans les entreprises, demandez à des amis s'ils ne pourraient pas en récupérer à leur bureau. De grandes enveloppes pourraient aussi permettre de classer les papiers. Mais quelle que soit la solution choisie en collaboration avec votre enfant, il devra se fixer des limites, car aucun matériel de rangement ne pourra contenir la totalité de sa paperasse. Grâce à cet exercice, il acquerra une qualité essentielle dans la vie : la capacité d'établir des priorités. Il ne peut tout garder. Il doit donc apprendre à sélectionner les papiers les plus importants et à mettre dans le bac de recyclage tous les autres papiers.

Votre enfant ne peut espérer trouver un mode de classement raisonnable qui lui permette de ranger tous ses travaux scolaires. Par conséquent, il va sûrement devoir fixer des limites particulières à ce sujet. S'il rapporte à la maison beaucoup d'œuvres artistiques, ne voudrait-il pas n'en conserver qu'une seule par semaine ou par mois ? Si on lui remet ses feuilles d'examen après correction, envisage-t-il de les conserver toutes ou certaines seulement ?

Une fois prises les décisions quant au mode de rangement et au tri, les papiers à conserver doivent être rangés dans les contenants afin qu'ils demeurent en bon état et que votre enfant puisse les retrouver facilement – sinon, à quoi bon les garder? Et ce n'est pas fini: il vous reste à découvrir l'endroit où placer les classeurs, les enveloppes, les boîtes, les dossiers ou tout autre matériel de rangement. Où pourriez-vous bien les mettre? Sur l'étagère la plus haute de sa penderie? Sur une étagère de sa bibliothèque? À propos de bibliothèque, aidez aussi votre enfant à trouver un endroit où ranger ses livres et ses albums à colorier. Mieux vaut qu'il les garde également dans sa chambre, car ainsi, dès qu'il n'aura plus de place, il devra refaire le tri de ses paperasses pour choisir celles qu'il veut garder et celles dont il doit se débarrasser sur-le-champ. À ce moment-là, faites-lui remarquer encore une fois que s'il a besoin d'espace supplémentaire, ce n'est pas en raison d'un manque de place mais à cause du nombre excessif d'affaires accumulées. Il lui faut donc se défaire de certaines choses, voire de beaucoup de choses.

CONSEILS À PARTAGER AVEC VOTRE ENFANT

Il est possible de provoquer la chute brutale d'une montagne de papiers grâce au **CRASH** de la paperasse:

- **C**orbeille: alimenter régulièrement la corbeille à papier;
- **R**ebut: se débarrasser des papiers inutiles (y compris les vieux journaux, les vieux livres et les vieux cahiers);
- **A**ction immédiate: remettre à leur place ou à leur propriétaire tous les papiers qui n'ont rien à faire dans la chambre;
- «**S**'asseoir et trier, se lever et porter» est une règle à suivre constamment;
- **H**abitude: prendre l'habitude de ne manipuler les papiers qu'une seule fois.

Si votre enfant est découragé et pense qu'il ne sera jamais capable d'échapper au fouillis, rappelez-lui l'histoire du vol des bourdons. Redites-lui aussi qu'il mérite de s'offrir de petites récompenses à chaque petite étape franchie.

Quant à vous, le moment est venu de vous souvenir que tous les êtres humains, petits et grands, sont susceptibles de rester ancrés dans un comportement aussi ingénieuses que soient les astuces et techniques utilisées pour les amener à changer. Certains jeunes ne peuvent faire autrement que vivre dans la pagaille. Si vous déployez des trésors d'ingéniosité et que votre enfant continue malgré tout à se complaire dans son bazar, vous aurez au moins la satisfaction d'avoir essayé de lui faire découvrir les joies de l'ordre. Félicitez-vous de ce bel effort et offrez-vous une récompense. En pareilles circonstances, de nombreux parents se ruent sur la tablette de chocolat.

TRAVAIL EN ÉQUIPE

Questions à discuter

- Assieds-toi et trie, lève-toi et porte.
- Votre enfant collectionne-t-il certains objets ? Sa collection est-elle encore pour lui une source de joie ? Prend-elle trop de place dans sa chambre et commence-t-elle de l'ennuyer ?
- Aurait-il besoin que vous l'aidiez à décider de ce qu'il va faire de sa collection ?
- Quand on n'a plus de place pour ranger ses affaires, ce n'est pas parce qu'on manque d'espace, mais parce qu'on a trop de choses.
- Votre enfant aurait-il besoin de votre aide pour empaqueter certaines affaires inutiles afin de les remiser ou d'en faire don à des enfants défavorisés ?
- Voudrait-il que vous l'aidiez à trier les affaires contenues dans ses placards, ses tiroirs, ses classeurs, son bureau, son sac d'école ?

- A-t-il besoin d'un endroit, d'un petit meuble ou d'un contenant quelconque pour y exposer ou y ranger certaines choses?
- A-t-il vraiment envie de garder et de prendre soin de tout son fouillis?
- Si quelqu'un lui offre un cadeau qu'il n'aime pas, est-il obligé de le conserver?
- A-t-il besoin que vous l'aidiez à préparer les affaires qu'il veut donner? Est-il nécessaire de laver, de réparer ou d'emballer certaines choses?
- Peut-il cesser d'accumuler des choses et de vivre dans la pagaille?
- Pouvez-vous l'aider à trouver des moyens de résoudre le problème du fouillis?
- Pouvez-vous l'aider à choisir une place pour chaque chose?
- Nourrir la corbeille à papier.
- Votre enfant veut-il un album pour y conserver des photos de ses œuvres artistiques ou de ses devoirs de sciences?

ÉTAPE SUIVANTE

Idées à mettre en application
- Chercher une personne ou un organisme qui pourrait utiliser certaines choses en surplus, comme des vêtements et des jouets.
- Trouver des idées quant aux endroits où ranger et exposer des objets, où porter les affaires à donner et où conserver les papiers importants.
- Demander à mon enfant de m'aider à trier les affaires contenues dans mes placards ou à tout autre endroit où elles s'accumulent et mettent la pagaille.
- M'assurer que mon enfant dispose, entre autres, d'une corbeille à papier et d'un panier à linge sale de taille suffisante.

CHAPITRE 9

UN EMPLOI DU TEMPS TROP CHARGÉ

Certains jeunes, et parfois même certains petits, sont tellement occupés qu'ils ne peuvent échapper à la procrastination. À vrai dire, ils n'ont pas le temps de faire quoi que ce soit correctement.

Les enfants dépendent de leur mère et de leur père pour se rendre aux divers endroits où ils pratiquent leurs activités et pour régler la facture de ces activités. Les parents sont donc en mesure de contrôler la situation. Lorsque leur enfant semble surmené, ils peuvent soit prendre les choses en main pour décider des activités à suspendre, soit lui dire que s'il se trouve dans l'impossibilité de faire ses devoirs (ou toute autre tâche qu'il doit accomplir) en temps et en heure, il devra laisser tomber un ou plusieurs de ses passe-temps. En général, ce sont surtout les pré-adolescents et les adolescents qui ont besoin d'apprendre à établir des priorités et à utiliser certaines stratégies afin de ralentir leur rythme de vie.

À partir d'un certain seuil, l'engagement dans des activités très diverses conduit l'enfant à ne plus s'occuper de ses devoirs ou autres tâches. Cette activité débordante peut être due à plusieurs facteurs :

- L'enfant est un fonceur qui réussit dans tout ce qu'il entreprend ; il a donc décidé de se lancer dans toutes sortes d'activités afin de réussir sur différents plans.

- De peur de rater quelque chose, l'enfant saute sur toutes les occasions qui se présentent à lui.
- Soit l'enfant désire plaire à ses parents, à la famille ou à ses amis, soit il veut être accepté, félicité ou bien vu par quelqu'un, mais il ne voit aucun autre moyen d'y parvenir que de s'engager dans de multiples activités.
- L'estime de soi de l'enfant est fondée sur ce qu'il accomplit et sur la quantité de choses qu'il fait (N'avez-vous jamais reçu une carte de vœux ou une lettre traduisant le fait qu'être très occupé est placé très haut dans l'échelle des valeurs d'une famille? Vous êtes censé être impressionné par l'activité débordante de l'enfant ayant écrit cette lettre ou des enfants dont il est question dans ce courrier.)
- L'enfant ayant perdu depuis peu l'habitude de tout remettre au lendemain, il prend plaisir à accomplir enfin tel et tel travail. Mais cela le mène parfois à être très occupé.
- L'enfant essaie d'éviter quelque chose – faire ses devoirs, être à la maison, s'ennuyer, donner l'impression qu'il est paresseux ou affronter un bouleversement dans sa vie, par exemple.
- L'enfant ayant de nombreux talents et centres d'intérêt, il se lance spontanément dans des activités très variées.
- L'enfant a conscience d'être très occupé, mais il croit pouvoir maîtriser la situation, même s'il est en train de perdre pied.
- Il suit l'exemple d'un adulte qui a une activité débordante (vous, peut-être?).

Quand le plaisir n'est plus là

Les adultes sont souvent loin de s'imaginer dans quel état de tension nerveuse vivent les enfants qui passent leurs journées à courir d'une activité à l'autre. Certes, les activités parascolaires sont enrichissantes, mais quand des petits ou des jeunes ont un emploi du temps trop chargé par rapport à leurs capacités ou pour mener une existence agréable, ils sont extrêmement angoissés. En outre, ils ont tendance à croire que plus on en fait, plus on est aimé et mieux on est accepté. Et une fois qu'ils ont pris l'habitude de vivre à cent à l'heure, ils ne pensent plus qu'à multiplier leurs activités afin de se sentir «assez bons», mais ils n'en tirent plus aucun plaisir. Cette absence de plaisir doit être considérée comme un signal d'alarme.

À mon avis, les enfants qui s'investissent dans le sport, la musique, un mouvement de jeunes et autres activités sont rarement désœuvrés et livrés à eux-mêmes. Par conséquent, ils ne risquent guère de sortir du droit chemin. D'autre part, semblables activités leur permettent d'apprendre des choses, de mûrir, de relever des défis et de découvrir de nouveaux horizons. Enfin, elles les distraient, les amusent et leur procurent de grandes joies.

Compte tenu de tels avantages, il ne me viendrait pas à l'idée de déconseiller les activités parascolaires. Les enfants occupés sont habituellement des enfants heureux. Cependant, lorsqu'ils cèdent à la procrastination, qu'ils paraissent tendus et anxieux ou qu'ils ont constamment l'air d'être tristes et frustrés, c'est le signe qu'il y a un problème. Ce problème peut être dû à différents facteurs, mais il mérite toujours d'être pris au sérieux. Il nécessite donc d'ouvrir le dialogue afin d'en découvrir l'origine.

Depuis quelque temps, Virginie a remarqué que son fils de 12 ans, Bruno, a pris l'habitude de tout remettre au lendemain, ses devoirs, ses diverses tâches domestiques et même les coups de fil qu'il doit passer à ses copains. Il est aussi devenu très irritable; il répond à tout le monde d'un ton très sec, il se chamaille avec ses frères et sœurs, et il est en général très grognon. Virginie se demande quelle peut bien être la cause de ce changement. Est-ce que ce pourrait être la consommation de drogue ou d'alcool? De mauvaises fréquentations? De trop gros efforts à fournir? Les hormones?

Puis, un jour où elle est sortie faire des achats avec son fils en prévision des grandes vacances, Virginie lui fait une petite remarque sur la façon dont il a rangé sa bicyclette dans le garage. Aussitôt, Bruno se cabre et lui réplique d'une voix mordante: «Je t'ai *déjà* dit que je m'occuperai de ça plus tard!» Au lieu de se mettre en colère, Virginie le regarde avec étonnement et lui dit gentiment: «Je ne te reconnais plus. Qu'as-tu donc fait de mon fils si adorable?»

Bruno est tout aussi surpris par la réaction de sa mère que Virginie l'a été par la répartie de son fils. Il s'empresse de lui présenter des excuses et ajoute en soupirant: «Je ne sais vraiment pas ce qui m'arrive.» Virginie propose qu'ils aillent manger une pizza et pendant qu'ils attendent d'être servis, elle lui demande: «Qu'est-ce qui ne va pas?» «Franchement, je n'en sais rien du tout», lui répond Bruno avant de changer de sujet. Mère et fils bavardent un moment, notamment des vacances toutes proches, et, petit à petit, Bruno se livre et finit par expliquer combien il est tendu. «Tu sais, maman, je me sens comme un élastique tendu au maximum», lui dit-il.

Virginie est stupéfaite qu'un jeune garçon puisse dire une chose pareille. La plupart des adultes auraient sans doute l'impression que les problèmes de Bruno ne sont pas bien graves, mais Virginie est persuadée que la tension nerveuse ressentie par Bruno est, toutes proportions gardées, aussi grande que celle éprouvée par l'équipe du département de cardiologie dans lequel elle travaille. Au fur et à mesure que la conversation avance, il lui paraît de plus en plus évident que Bruno ne sait plus où donner de la tête; ses activités parascolaires sont trop nombreuses. «Écoute, Bruno, tu pourrais très bien laisser tomber certaines activités. Rien ne t'en empêche», avance-t-elle finalement.

Cependant, Bruno ne l'entend pas de cette oreille: «Mais je me suis engagé, maman! On compte sur moi. Monsieur Martin a dit que j'étais le seul élève de la classe capable de faire de bonnes photos durant les activités organisées par l'école. Et mon entraîneur dit toujours qu'il compte sur moi pour mener l'équipe jusqu'aux matchs de barrage l'année prochaine.»

«Ce n'est pas parce qu'on fait du beau boulot qu'on est obligé de faire ce travail», lui fait remarquer Virginie. «Je ne sais vraiment pas comment je me suis laissé embrigader dans tout ça», soupire Bruno. Mais sa mère, elle, en a une petite idée: il s'est probablement mis dans cette situation difficile et stressante en suivant son exemple. Elle tente donc de redresser la barre en lui expliquant ceci: «Je pense que toi et moi, comme tant d'autres personnes, nous disons toujours oui pour quatre raisons: un peu parce que nous voulons nous montrer serviables, un peu par vanité, un peu parce que nous tombons dans le piège du "Tu es la seule personne à pouvoir faire cela" et un peu parce que nous ne savons tout simplement pas dire non.»

Bruno veut bien admettre qu'il est continuellement tendu et qu'il a trop d'activités, mais il ne veut en laisser tomber aucune. Il a le sentiment qu'on le prendrait pour un idiot et que s'il lâchait le basket, cela compromettrait ses chances d'entrer un peu plus tard dans une bonne équipe. De surcroît, il soutient que son engagement dans différentes activités résulte uniquement d'un choix. Mais Virginie renonce à creuser la question plus loin, pour l'instant, car elle sent que leur agréable conversation va tourner à la querelle.

Au cours des semaines suivantes, rien ne change. Bruno continue d'ajourner ses tâches comme ses devoirs et d'aboyer après tout le monde. De sorte que la famille au complet est rapidement sous tension. Virginie décide donc de durcir sa position. Et ce jour-là, Bruno lui présente justement un avis à signer: l'école lui signale que son garçon a récolté un F à l'examen de sciences.

Sautant sur l'occasion, Virginie dit à son fils: «Maintenant, c'en est assez. Tu vas me dresser la liste de toutes tes activités. Sur-le-champ.

Pas "tout à l'heure" ni "demain", tout de suite!» Voyant que sa mère ne plaisante pas et est même sur le point d'exploser, Bruno ne cherche pas à argumenter. Il monte dans sa chambre et se met aussitôt à l'ouvrage. Quant à Virginie, elle profite de ce répit pour réfléchir à ce qu'elle va lui dire ensuite.

Lorsque Bruno remet sa liste à Virginie, elle l'examine et conclut: «Tu vas au basket et aux scouts, ce qui est déjà assez prenant, et tu participes en plus à bien d'autres activités. C'est trop. Comme tu le sais, cela me plaît que tu t'investisses dans le scoutisme, et je t'ai toujours encouragé à le faire. Par ailleurs, je me rends bien compte qu'il est important pour toi de faire à la fois de la compétition sportive et du scoutisme. Alors, je vais te proposer un marché. Tu pourras continuer toutes tes activités à deux conditions: primo, à condition que tu fasses tes devoirs et ta part de travaux domestiques en temps et en heure; secundo, à condition que tu arrêtes de ronchonner à longueur de journée. Si tu ne cesses pas de reporter constamment ton travail et de bougonner, tu devras abandonner toutes tes activités, y compris le basket et le scoutisme.

«Franchement, Bruno, je pense que la majorité des gens ayant un emploi du temps aussi chargé que le tien se comporteraient comme toi: ils seraient tendus et grincheux, et ils remettraient beaucoup de choses au lendemain. Maintenant, si tu veux arriver à résoudre ce problème sans être contraint de renoncer à toutes tes distractions, il y a une solution: tu peux ne laisser tomber que certaines activités seulement. Ainsi, tu disposeras de plus de temps et tu seras moins stressé.»

Bruno fond en larmes, mais, cette fois-ci, Virginie ne veut pas abandonner la partie. Elle réétudie la liste avec son fils et, dans les jours qui suivent, lui parle de fixer des priorités. Comme elle s'en doutait, la compétition et le scoutisme figurent en tête de ses priorités, mais il en a encore bien d'autres. Elle lui suggère donc d'établir des limites au temps consacré à chacune d'elles et de voir comment il pourrait annoncer aux adultes concernés qu'il ne peut plus participer à leur programme. Finalement, Bruno accepte d'essayer. Et le jour même, il omet de se livrer à l'une de ses activités les plus accaparantes : prendre des photos lors de chaque événement organisé par l'école.

Virginie est contente et surprise lorsque, deux semaines plus tard, Bruno lui annonce qu'il a décidé de tout laisser tomber hormis ses deux priorités majeures : le sport et le scoutisme. Et par la suite, elle constate avec grand plaisir que son fils – ainsi que la famille – a retrouvé le rythme de vie tranquille et détendu qu'ils apprécient tous.

Si votre enfant remet tout au lendemain en raison d'un emploi du temps trop chargé, apprenez-lui les rudiments de la gestion du temps exposés ci-après ; ces notions élémentaires lui permettront d'exercer un meilleur contrôle sur son existence. S'il est toujours très occupé, mais ne démontre aucune tendance à la procrastination et fait son travail correctement, c'est probablement qu'il est très heureux et très motivé quand il a une foule de choses à faire. Détendez-vous, réjouissez-vous de son dynamisme extraordinaire et essayez de découvrir un moyen de garder la tête froide malgré les allées et venues que vous imposent ses multiples occupations. Néanmoins, gardez en tête qu'il est en général très bénéfique de donner à un enfant excessivement occupé quelques notions sur la gestion du temps.

Techniques utiles pour alléger un emploi du temps très chargé

1. Établir des priorités

Lorsqu'on veut amener un enfant extrêmement occupé à alléger son emploi du temps, la première étape consiste à lui expliquer pourquoi il est nécessaire d'établir des priorités et comment on s'y prend pour y parvenir. Car il a besoin d'être guidé pour déterminer ce qui est important à ses yeux, en vue de choisir les activités qu'il va poursuivre et celles qu'il va abandonner pour le moment.

Certains enfants acceptent de participer à de nombreuses activités parce qu'ils n'ont pas conscience d'avoir le choix. Ils pensent que quand on leur demande s'ils seraient intéressés par telle ou telle activité, mieux vaut qu'ils répondent «oui». D'autres acceptent parce qu'ils ont envie de se lancer dans l'activité proposée et qu'ils n'envisagent pas les conséquences d'un emploi du temps trop chargé. Il peut donc se révéler nécessaire d'expliquer – plus d'une fois – à un enfant qu'il est, certes, difficile de faire des choix, mais qu'on est de temps à autre obligé de rejeter une activité et de décliner une invitation. Et de lui préciser aussi qu'il devra se souvenir de cela et agir en conséquence jusqu'à ce qu'il ait atteint un mode de vie équilibré. Autrement dit, qu'il doit chercher à avoir suffisamment d'activités parascolaires pour que sa vie soit intéressante et riche en défis, mais tout en veillant à ne pas en avoir trop, sinon il sera surmené et incapable de faire face à ses obligations dans d'autres domaines (comme les études, qui doivent en général demeurer son activité principale et sa priorité numéro un).

Devant la chute vertigineuse des notes récoltées depuis quelque temps par sa fille Annie, âgée de 14 ans, Béatrice décide d'avoir une discussion avec elle. Mais elle prévoit qu'Annie cherchera avant tout à se défendre, et non à voir comment résoudre ce problème. Elle planifie donc de soulever la question, puis de changer rapidement de sujet. «Je vais seulement préparer le terrain», se dit-elle. En quelques mois, les activités auxquelles Annie s'adonne en dehors des cours se sont tellement multipliées que soit l'adolescente ne passe pas suffisamment de temps à la maison pour pouvoir faire ses devoirs, soit elle est trop épuisée pour faire quoi que ce soit.

Lorsque Béatrice aborde la question, elle est interloquée par la réaction de sa fille: «Tu as raison, mais je ne sais pas quoi faire», lui dit Annie. L'adolescente lui parle de son insatisfaction. Elle lui explique notamment que le jour où elle a accepté de se joindre à l'équipe responsable de la publication du journal de l'école, elle était censée n'avoir à rédiger qu'un article par mois, mais que, très vite, elle a dû en écrire plus souvent et collaborer à chaque étape de l'édition du journal. Puis elle lui parle de tout ce qui surcharge son emploi du temps et de son sentiment d'être toujours en train de se démener pour trouver le temps de faire face à ses obligations.

À la différence de Bruno, si réticent à laisser tomber certaines de ses activités parascolaires, Annie a rapidement décidé d'en éliminer quelques-unes. Le simple fait de parler de ses diverses occupations l'a aidée à éclaircir la situation et à prendre des décisions en conséquence. Ce n'est qu'au moment où sa mère a soulevé la question qu'elle s'est mise à réfléchir aux moyens de résoudre son problème de surmenage. Auparavant, elle se contentait de se débattre comme elle pouvait pour essayer de survivre.

2. Inscrire des «journées libres» sur un calendrier
À partir d'un certain âge, il peut être utile que l'enfant note ses activités sur un calendrier et prenne l'habitude d'y inscrire aussi des «journées libres», c'est-à-dire des jours où aucune activité ne peut être planifiée. Ces jours-là, il peut ainsi profiter de la compagnie de ses amis ou de sa famille, rattraper son retard dans certains domaines ou simplement flemmarder.

Nous avons tous besoin d'avoir de temps en temps des journées libres. Les personnes très actives estiment presque toutes qu'elles doivent s'accorder régulièrement des «moments de flemmardise». Un confrère m'a expliqué qu'il travaillait comme un forcené la majeure partie du temps, mais qu'il avait pris l'habitude de s'octroyer des moments de répit pour récupérer ses forces.

Une personne m'a même dit que dans son foyer, toute la famille était tombée d'accord sur la règle à suivre pour éviter que les activités de chacun ne perturbent la vie familiale : si l'un des membres remarquait une certaine distension des relations familiales, il pouvait réclamer une «journée familiale». Chacun votait sur ce que la famille ferait cette journée-là, en sachant pertinemment que dans une famille de sept enfants, il est difficile de satisfaire tout le monde. Par conséquent, chacun était prêt à se plier à la décision prise par la majorité. Tous les enfants aimaient faire de la voile sur le lac en bordure duquel ils vivaient et faire du vélo sur les pistes cyclables aménagées aux alentours de ce lac. Mais ces deux activités nécessitant du beau temps, il était plus ardu de trouver une occupation distrayante durant les mois d'hiver. Les journées familiales exigeaient que chacun consulte son calendrier et s'arrange pour ne rien avoir à faire ces jours-là. Il n'était pas question de ne pas respecter ses engagements envers un groupe paroissial ou un groupe de musique, par exemple, mais il y avait apparemment bien d'autres activités qui pouvaient être déplacées sans problème. Et le jeu en valait la chandelle, car les journées familiales permettaient à chacun de recharger ses batteries.

Les enfants n'ont pas tous les mêmes besoins. Certains ont besoin de journées libres pour paresser, d'autres pour passer du temps avec leur famille ou leurs amis et d'autres encore pour mettre des choses à jour.

Si vous encouragez votre enfant à atteindre un objectif très ambitieux, comme être sélectionné pour les Jeux olympiques, ou si vous le soutenez dans ses efforts pour réaliser cet objectif, personne ne vous critiquera. Mais vous devez tenir compte du fait que ce projet lui prend tout son temps et qu'aucun être humain ne peut tout faire. Votre enfant est donc contraint de laisser aller deux ou trois choses à la dérive. Néanmoins, cette conduite n'a rien à voir avec la procrastination ; elle découle de la démarche consistant à établir des priorités – les activités négligées sont simplement les moins importantes. Et il n'y a pas lieu de la réprouver si toutes les personnes concernées savent qu'elle résulte d'un choix réfléchi.

3. Fixer des limites

La majorité des enfants doivent apprendre à fixer des limites. Ceux qui veulent *tout* faire et réussissent haut la main dans tous les domaines qu'ils explorent en ont particulièrement besoin. Car ces enfants, en général très curieux, souvent extrêmement intelligents et parfois bourrés de talents, veulent tout voir, tout essayer, tout goûter, tout connaître, tout expérimenter et tout faire. Néanmoins, tous les enfants ont besoin d'apprendre à fixer des limites à partir du moment où ils sont surmenés, mais incapables de laisser tomber une activité ou de dire non lorsqu'on les invite à prendre part à une activité. D'abord, il faut leur expliquer qu'on peut faire énormément de choses dans une vie, mais qu'on n'est pas censé faire tout en même temps ni tout immédiatement. Ce n'est pas parce qu'on *peut* faire quelque chose, ou qu'on sait comment le faire, qu'on *doit* le faire.

Ensuite, il faut leur faire comprendre qu'en leur demandant de fixer des limites et de réduire le nombre de leurs activités, on ne cherche pas à briser leurs rêves ni à restreindre leurs objectifs. On essaie simplement de les aider parce qu'ils ne peuvent plus faire face à toutes leurs occupations, ce qui les conduit à tout remettre au lendemain et les empêche d'agir de façon adéquate.

Certains enfants ont beaucoup de mal à assimiler les notions abordées dans ce chapitre. Ils se disent: «Je décevrai vraiment mon professeur si je lui dis non… mon entraîneur si j'abandonne cette activité… le chef si je quitte le groupe.». Et quelques-uns affirment: «Je ne peux pas dire non ou abandonner cette activité. C'est trop dur. Je ne peux pas faire ça. Jamais je ne pourrai faire une chose pareille.» Ils veulent fixer de telles limites, mais ils sont incapables de le faire.

4. Apprendre à dire non

Votre enfant aura probablement besoin de votre aide pour découvrir comment refuser une invitation à participer à une activité ou comment annoncer qu'il veut interrompre une activité qui lui plaît. Car il ne lui sera pas facile de dire : « Non » ou « J'abandonne », à la personne responsable de l'activité en question, en particulier s'il s'agit d'une personne qu'il aime beaucoup ou qu'il admire.

Pour pouvoir guider votre enfant, il va falloir que vous l'écoutiez très attentivement. Sinon, vous risquez de ne pas saisir le vrai problème et de vous efforcer en vain de résoudre un faux problème. Imaginons que vous ayez une fille et qu'elle fasse partie de l'équipe de natation de son école. Elle a décidé depuis un certain temps que la natation est l'activité à éliminer de son emploi du temps, mais elle n'arrive pas à le faire car elle ne sait comment s'y prendre ni que dire. Si vous l'écoutez attentivement, vous ne lui demanderez pas de se retirer de l'équipe de natation. Vous ne vous attaquerez pas à ce faux problème, vous vous concentrerez sur le vrai problème. Et vous lui demanderez ceci : « Veux-tu t'exercer avec moi à dire ce que tu diras à ton entraîneur le jour où tu lui annonceras que tu te retires de l'équipe de natation ? »

Exercer votre enfant à annoncer semblable décision est un excellent moyen de travailler avec lui à différents niveaux. Premièrement, vous pourrez lui donner des idées sur la manière d'aborder la question. Il pourrait, par exemple, commencer par dire à son entraîneur ou à la personne responsable combien cette activité lui plaît et combien il regrette de devoir l'abandonner, mais que, étant trop occupé, il est obligé d'éliminer certaines choses de son emploi du temps. Vous pourrez aussi examiner avec votre enfant les divers points à préciser au cours de la conversation.

Deuxièmement, vous pourrez proposer à votre enfant un jeu de rôle, au cours duquel vous tiendrez soit le rôle de l'enfant, soit le rôle de l'adulte. Si vous jouez le rôle de l'enfant, vous pourrez lui faire une démonstration de la manière dont il exprimera sa décision. Si vous jouez le rôle de l'adulte, vous le laisserez répéter son petit discours jusqu'à ce qu'il le connaisse par cœur. Cette technique lui sera utile non seulement dans les circonstances présentes, mais aussi dans le futur, car il pourra y avoir recours chaque fois qu'il aura peur d'affronter une situation exigeant qu'il s'exprime.

Enfin, vous pourrez recourir à cette technique lorsque vous parlerez avec votre enfant de la façon de refuser des cigarettes, de l'alcool, de la drogue, bref, de refuser toute proposition dangereuse dans un contexte où il lui sera très difficile de résister à la pression exercée par ses pairs. Ainsi, il pourra dire non avec assurance et fermeté. Peut-être que vous redoutez de soulever de telles questions et pensez qu'elles seront débattues à l'école. Mais vous ne pouvez vous permettre de reporter à plus tard des discussions sur des points aussi essentiels, n'est-ce pas?

Tout au long du parcours que vous ferez aux côtés de votre fille ou de votre fils afin de l'aider à vaincre sa mauvaise habitude de remettre tout au lendemain, vous assisterez à des miracles. L'une des choses les plus émouvantes, ce sera de voir votre enfant développer sa confiance en soi et son estime de soi. Vous constaterez aussi qu'à partir du moment où il se sera découvert capable de faire ce qu'il s'est engagé à faire et de terminer ce qu'il entreprend, il sera plus joyeux, plus motivé et plus ambitieux. Mais cela ne durera qu'à la condition qu'il sache fixer des limites, établir des priorités afin de prendre des décisions éclairées, dire oui à certaines personnes et dire non à d'autres, et ralentir la cadence de temps en temps.

En résumé, lorsqu'un enfant cesse de tout reporter à plus tard, son estime de soi monte en flèche, son amour de soi commence à se développer et il est enthousiasmé d'être désormais capable de se fixer des objectifs et de les réaliser.

CONSEILS À PARTAGER AVEC VOTRE ENFANT

Voici comment alléger un emploi du temps trop chargé:

- Établir des priorités: choisir les activités les plus importantes;
- Inscrire des journées libres sur un calendrier;
- Fixer des limites: s'arrêter, respirer, ralentir la cadence;
- Apprendre à dire non.

TRAVAIL EN ÉQUIPE

Questions à discuter

- Votre enfant a-t-il l'impression d'être trop occupé?
- S'il prétend ne pas être trop occupé, demandez-lui pourquoi il n'arrive pas à terminer ses devoirs ou à accomplir correctement les tâches qui lui incombent.
- S'il a effectivement le sentiment d'être trop occupé, dites-lui que vous avez de bonnes idées sur la manière dont il pourrait résoudre ce problème ennuyeux.

ÉTAPE SUIVANTE

Idées à mettre en application

- Proposez à votre enfant de se livrer avec vous à un jeu de rôle ayant pour thème une situation qui l'effraie (comme annoncer à la personne responsable d'une activité qu'il doit abandonner cette activité ou qu'il doit refuser son invitation à participer à cette activité).
- Réfléchissez à la manière dont vous pourrez amener votre enfant trop occupé à trouver le temps de discuter avec vous; vous pourriez peut-être lui proposer de le conduire aux endroits où ses activités ont lieu (afin de profiter des trajets en voiture pour entrer en communication avec lui), ou écrire une note (pour lui rappeler que vous aimeriez parler un peu avec lui), ou encore lui offrir une sortie «tous les deux, juste tous les deux».
- Observez votre enfant afin de voir s'il prend plaisir à se livrer à ses diverses activités parascolaires et de vous assurer qu'il n'est pas trop occupé, voire surmené.

CHAPITRE 10

UN BEL AVENIR EN PERSPECTIVE

Quand j'étais enfant – une enfant qui remettait tout au lendemain –, je me croyais incapable de rapporter à temps un livre à la bibliothèque. Je me trouvais dans l'impossibilité de sortir de mon petit monde limité par la procrastination pour m'imaginer en train de réaliser quoi que ce soit. J'écoutais mes camarades raconter qu'ils iraient à l'université, qu'ils seraient médecins ou qu'ils feraient le tour du monde, et je ne disais rien. Car je ne pensais pas que je ferais un jour de si belles choses.

Telle est l'une des conséquences funestes de la procrastination. Comme un mauvais génie, la procrastination enferme les rêves et les objectifs dans une boîte. Mais une fois que la boîte est ouverte, un monde nouveau, une foule de possibilités apparaissent, et la boîte ne peut plus jamais être refermée complètement. Quel merveilleux cadeau à offrir à un enfant que de l'aider à ouvrir une boîte remplie de rêves, d'objectifs et d'espérances.

Au cours d'une formation sur leur lieu de travail, Nathan et ses collègues ont été frappés par une histoire vraie relatée dans le livre de Jack Canfield et Mark Victor Hansen intitulé *Bouillon de poulet pour l'âme*. Voici ce qui les a stupéfaits. À l'âge de 15 ans, l'explorateur John

Goddard a dressé une liste d'objectifs à laquelle il a donné ce titre : «Le programme de ma vie». Cette liste comprenait 127 aventures extraordinaires, aussi bien sur le plan psychique que physique. Au moment de la publication de l'ouvrage aux États-Unis, John Goddard avait atteint 108 de ses objectifs, dont gravir les plus hautes montagnes du monde, devenir chef de troupe dans le cadre du scoutisme, explorer la Grande Barrière de la mer de Corail, lire la Bible de la première à la dernière page, voler en ballon dirigeable, en montgolfière et en planeur, et lire les œuvres complètes de Shakespeare.

Après avoir rapporté cette prouesse, le formateur a demandé à chacun d'établir le «programme de sa vie». Il a précisé aux participants que leur liste pouvait aussi bien être très longue que très courte, mais il leur a donné cette consigne : «Ne tenez absolument pas compte de la réalité, inscrivez simplement les objectifs les plus fous et les plus ambitieux qui vous viennent à l'esprit.»

Au cours de la lecture des listes, Nathan a remarqué des différences énormes. Certains de ses collègues avaient noté quantité d'idées, tandis que d'autres n'en avaient écrit que deux ou trois. Quelques-uns voulaient voyager dans un vaisseau spatial, alors que d'autres avaient des objectifs si terre à terre qu'ils n'étaient vraiment pas emballants. Nathan s'est donc posé cette question : Pour quelle raison certaines personnes se voient-elles uniquement en train d'accomplir des tâches quotidiennes et ennuyeuses, alors que d'autres s'imaginent en train de voyager dans l'espace? Il n'a pas trouvé la réponse. Mais il s'est dit : «Quelle qu'en soit la raison, je veux à tout prix éviter que mes trois filles aient des objectifs très limités. Je veux qu'elles nourrissent le rêve d'atteindre les étoiles et je pense que l'une des meilleures choses que je puisse faire en ce sens, c'est de les aider à vaincre la procrastination.»

Nathan a raconté à ses filles cet épisode de la formation qu'il venait de suivre et les a encouragées à dresser, plusieurs fois au cours de leur existence, la liste de leurs objectifs fabuleux. À la fin, il leur a dit :

«Écoutez, je vous ai montré le mauvais exemple, puisque je suis le champion de la procrastination. Mais nous allons désormais travailler ensemble afin de perdre définitivement l'habitude de tout reporter à plus tard. Et nous allons partir ensemble vers les étoiles.» Chacun des membres de la famille – Nathan, sa femme et leurs trois enfants – a ensuite établi le «programme de sa vie». C'était la deuxième fois en une semaine que Nathan se prêtait à cet exercice. Mais peu lui importait. Il avait fait un énorme pas dans la direction d'un objectif très ambitieux : transformer la bataille contre la procrastination en une aventure amusante. Et il était déterminé à profiter de toutes les joies qu'il rencontrerait en cours de route.

Même les enfants qui lèvent les yeux au ciel en soupirant peuvent changer

Lorsque Nathan a abordé la question des récompenses, celle des excuses, puis celle du sentiment d'être débordé, ses filles ont à chaque fois levé les yeux au ciel et soupiré en gémissant : «Oooooh! papa…» Quand leurs amies les ont questionnées sur les tableaux que leur père avait épinglés pour leur rappeler leurs tâches et sur leurs listes de récompenses, elles ont levé les yeux au ciel et leur ont dit en soupirant : «Notre père traverse une période très bizarre. Mais ça passera vite.» Néanmoins, plus ses filles le taquinaient, plus Nathan était content. Leurs plaisanteries le renseignaient sur ce qu'elles comprenaient et sur ce qu'elles ne comprenaient pas.

Les trois jeunes procrastinatrices aimaient que leur père les emmène, le samedi matin, prendre le petit-déjeuner en ville. C'était une de leurs récompenses préférées. Ses filles ayant fait des progrès spectaculaires, Nathan a donc dû leur offrir ce petit plaisir cinq semaines d'affilée. Mais la sixième semaine, dès qu'il a su qu'il serait obligé de travailler durant toute la fin de semaine, il a averti les membres de sa famille qu'ils allaient devoir reprendre l'habitude d'ajourner leurs tâches, car il ne serait pas libre le samedi pour leur offrir leur récompense. Cette annonce a bien fait rire ses filles.

Nathan était très heureux de l'impressionnant bond en avant que ses enfants, sa femme et lui-même avaient effectué dans la lutte contre la procrastination. Il se réjouissait aussi de la nette amélioration des relations et de la communication au sein de sa famille. Ses filles se sentaient mieux dans leur peau, et il constatait avec joie qu'elles prenaient de l'assurance : l'idée qu'elles pourraient un jour accomplir de grandes choses avait germé dans leur esprit. Aujourd'hui, sa fille de huit ans veut devenir médecin. Il y a un an, quand ses parents lui demandaient de ranger sa chambre, elle pleurait parce qu'elle ne savait par où commencer. Mais à présent, elle n'a plus du tout le sentiment d'être une incapable (et ses parents n'ont plus à lui rappeler sans cesse de mettre de l'ordre dans sa chambre).

J'ai averti Nathan de ne pas s'attendre à des miracles et je lui ai recommandé de garder en tête que nous récidivons tous de temps à autre. Il a très bien compris le message, bien sûr, mais il m'a dit qu'il ne pouvait imaginer que sa femme, l'une de ses filles ou lui-même pourrait un jour céder à la procrastination aussi facilement que dans le passé.

Reportez-vous le moment d'aborder la question de la procrastination avec votre enfant ?

Certains parents reportent sans cesse le moment d'aborder la question de la procrastination avec leur enfant, en espérant qu'il trouvera tout seul un moyen de s'en sortir ou que cette mauvaise habitude passera avec l'âge. Serait-ce votre cas ? Quoi qu'il en soit, si vous avez lu les chapitres précédents et n'avez encore rien tenté, ne vous inquiétez pas. Et cessez de vous blâmer. Le moment n'est peut-être pas propice, tout simplement. Cependant, il se pourrait aussi que votre hésitation à discuter avec votre enfant des idées exposées dans ce livre découle d'une peur qui est enfouie dans votre subconscient, mais qui disparaîtra aussitôt que vous l'aurez découverte et identifiée.

Par conséquent, il serait bon que vous réfléchissiez aux questions suivantes : Avez-vous...

- peur de l'échec? (« Cela marche peut-être pour les autres parents et avec d'autres enfants, mais cela ne marchera jamais chez nous. »)
- peur de ne pas être parfait, ou d'intervenir à un moment qui ne serait pas le meilleur moment, ou de ne pas dire exactement et parfaitement ce qu'il faudrait dire? (« Et si mon enfant était de mauvaise humeur au moment où j'engage la conversation? »)
- peur de l'inconnu? (« Je suis inquiet parce que je ne sais pas comment mon enfant réagira, ce qu'il dira ; d'ailleurs, je ne sais même pas ce que, moi, je dirai. »)
- peur d'être rejeté? (« Ma relation avec mon enfant est déjà pas mal tendue, je ne vais pas en rajouter pour être encore plus rejeté. »)
- peur de prendre la mauvaise décision? (« Et si je proposais à mon enfant quelque chose qui ne soit pas approprié à son caractère ou à sa situation? »)
- peur des sentiments? (« Je pourrais être gêné, me sentir stupide ou avoir l'impression d'être incompétent. »)

Même lorsqu'on a conscience d'avoir peur, il est n'est pas facile de découvrir de quoi on a peur au juste. Par conséquent, je vous propose une autre manière de procéder. Imaginez que votre crainte devienne réalité. Puis, dramatisez la situation, grossissez les choses au maximum, et voyez si vous survivrez à cette catastrophe.

- Que se passerait-il si vous suiviez certains conseils donnés dans cet ouvrage et que cela ne donne aucun résultat? Vous y survivriez, n'est-ce pas? Vous vous sentiriez peut-être complètement nul, mais vous n'en mourriez pas.

- Qu'arriverait-il si vous n'étiez pas parfait? Si vous ne choisissiez pas le moment propice pour parler à votre enfant ou si vous n'employiez pas les mots adéquats? Peut-être que vous devriez vous interrompre ou que votre enfant ne vous écouterait pas avec attention parce que quelque chose le distrairait (si ce n'était pas le moment d'entamer cette conversation). Peut-être que votre enfant lèverait les yeux au ciel en soupirant, ou peut-être qu'il vous dirait: «Tu es vraiment bizarre», ou bien: «Je trouve cette idée complètement dingue!» Mais vous avez déjà connu tout cela, et vous n'en êtes pas mort.

- Que se passerait-il si vous vous lanciez dans l'inconnu et que votre enfant ait une réaction déconcertante, comme:
    - entrer dans une rage folle?
    - pleurer à chaudes larmes de manière hystérique?
    - s'enfuir à toutes jambes?
    - contempler ostensiblement le plafond?
    - se moquer de vous?
    - trépigner et piquer une crise de nerfs?

- Cependant, il est tout aussi vraisemblable que votre enfant:
    - vous regardera et vous écoutera avec attention;
    - sera d'accord avec vous;
    - comprendra ce que vous lui direz;
    - appréciera votre démarche (s'il est adolescent, il ne voudra probablement pas vous le *montrer* ni vous le *dire*, et ce, pendant un bon bout de temps);
    - sentira que vous vous souciez de son problème, que vous vous intéressez à lui et que vous l'aimez;

-    sera ravi à l'idée de travailler avec vous sur le projet que vous lui aurez soumis.

Vous n'avez pas une boule de cristal. Vous ne pouvez pas deviner ce qui va se passer. Mais quelle que soit la réaction de votre fille ou de votre fils, vous saurez que vous êtes en train de faire une chose qui en vaut vraiment la peine et qui démontre votre profond amour pour cet enfant.

En grandissant, mon enfant perdra peut-être l'habitude de tout remettre au lendemain ?

À la suite de mes séminaires sur la procrastination et de la publication d'un autre livre sur ce sujet, j'ai reçu des courriels en provenance des quatre coins de la planète. Les auteurs de ces messages, tous des adultes, tenaient à me faire savoir qu'ils avaient réussi à perdre l'habitude de remettre tout au lendemain, qu'ils étaient des «procrastinateurs en convalescence». Ils m'ont fait part de leur joie et de leur soulagement d'avoir remporté la bataille contre ce fléau, mais nombre d'entre eux m'ont aussi confié que leur enfance aurait été bien différente si on leur avait appris dès le plus jeune âge à mieux gérer leur temps et leur vie.

Au début d'un séminaire, Natacha m'a remis une lettre dont voici la teneur :

J'aimerais vous expliquer ce que j'ai vécu quand j'étais enfant.

J'ai toujours attendu la dernière minute pour m'atteler à une tâche difficile, même quand j'étais toute petite. À l'école secondaire, dans le cadre d'un programme éducatif spécial, on m'a un jour demandé de faire des illustrations pour un diaporama que cinq de mes camarades et moi-même devions présenter en classe. Je me suis mise à l'œuvre très tard, parce que j'avais l'impression que je paraîtrais ridicule et que je décevrais le groupe si mes dessins n'étaient pas parfaits. La veille de l'échéance, j'étais tellement tourmentée et paniquée que j'ai avalé une poignée de tranquillisants. Résultat : j'ai passé toute la nuit à l'hôpital.

Aujourd'hui encore, je reporte systématiquement les tâches compliquées. Même l'épisode traumatisant que je viens de relater n'a pas suffi pour que je me discipline. Malgré mes mauvaises habitudes et ma «paresse», j'ai toujours été une bonne élève. Maintenant, je donne l'impression d'être une femme qui a réussi, mais je suis minée par la honte dérivant de ma conduite procrastinatrice, que je ne parviens pas à changer (la preuve, je suis en train de taper cette lettre, alors que je devrais être partie au club vidéo remettre la vidéocassette que j'ai louée hier.) J'étais une fillette procrastinatrice, je suis devenue une femme procrastinatrice. Et la procrastination me gâche tellement la vie que je dois à tout prix faire quelque chose pour m'en débarrasser.

J'ai deux fils et je ne veux pas leur donner le mauvais exemple ; je ne veux pas qu'ils prennent eux aussi cette fâcheuse habitude de remettre tout au lendemain. Il faut que ça s'arrête.

Une autre mère, Élise, a vécu une expérience radicalement différente. «Quand ma fille était adolescente, j'ai essayé tous les trucs possibles et imaginables pour l'aider à cesser de tout reporter, mais rien n'y a fait. Alors, en désespoir de cause, je me suis dit : "Je n'ai plus qu'à considérer l'avenir. Elle va grandir, elle va partir de la maison, et je n'aurai plus à livrer cette bataille."

«Je me souviens très précisément que la chambre de ma fille était dans un tel état que je pouvais à peine fermer la porte... des vêtements partout, des verres sales dans tous les coins, des disques compacts éparpillés sur le sol. À présent, ma fille a 26 ans, elle est mariée et a deux petits garçons. Et sa maison est toujours propre et en ordre. C'est là une chose qui rend une mère très fière!»

Il arrive que, en grandissant, des enfants perdent tout naturellement l'habitude d'ajourner leur travail, mais c'est très rare. Par conséquent, ne comptez pas là-dessus. De toute façon, avez-vous envie de laisser la procrastination perturber votre vie actuelle? Probablement pas. Aussi, efforcez-vous de faire tout votre possible pour sortir votre enfant du piège de la procrastination et pour empêcher qu'il ne vive toute son existence dans la honte, la culpabilité et l'angoisse en raison de son incapacité à faire les choses en temps et en heure.

Détendez-vous, vous vous en tirez bien

Il est impossible d'évaluer la portée des mesures préventives. Quand on donne des vitamines à un enfant par mesure de prévention et que cet enfant n'a un rhume qu'une seule fois dans l'année, on n'a aucun moyen de savoir combien de rhumes il aurait attrapé s'il n'avait pas pris de vitamines. De manière similaire, en tentant d'amener votre enfant à cesser de remettre tout au lendemain, vous cherchez en quelque sorte à prévenir cette conduite. Pourtant, vous savez très bien que tous les êtres humains reportent de temps à autre un travail. Votre enfant a sans doute déjà fait quelques rechutes. Mais vous ne pouvez pas savoir, personne ne peut savoir à quel degré de procrastination il en serait arrivé si vous n'aviez pas travaillé avec lui en vue de lui faire perdre cette fâcheuse habitude.

Malgré vos efforts, vous n'êtes peut-être pas arrivé à ce que votre enfant accomplisse ses tâches en temps et en heure. Mais vous avez peut-être établi un nouveau mode de communication, eu des conversations agréables et amusantes avec lui, ou permis que s'instaure un dialogue sur un ton badin. Mis à part combattre la procrastination, les idées données dans ce livre pourraient vous inciter à discuter avec lui d'autres questions importantes ou à lui dire: «Je t'aime». Vous n'essaierez peut-être jamais une seule des méthodes proposées, mais vous avez maintenant une meilleure idée des tenants et des aboutissants de la procrastination chez les enfants et de l'attitude à adopter face à votre jeune procrastinateur. Quand on s'aperçoit que son enfant n'est pas le seul au monde à remettre des tâches à plus tard, on est plus patient et on reste plus calme dans les moments où il ne s'attelle pas à la tâche. On peut même prendre la chose avec humour.

L'une de mes histoires préférées sur la manière dont parents et enfants peuvent rire de la procrastination est celle que m'a racontée Nathalie. «Depuis des jours, des semaines, j'essayais d'obtenir que mes garçons (âgés de 9 et 11 ans) rangent la salle de jeu. Jusqu'au soir où, revenant du travail en voiture, j'ai vu un daim surgir de la forêt et je n'ai pas réussi à l'éviter. Dès mon arrivée à la maison, j'ai appelé la police pour leur signaler cet accident. On m'a répondu que des policiers allaient venir chez moi pour constater les dommages. Juste après avoir raccroché, j'ai averti mes deux enfants que la police allait venir.

«Mes garçons, qui ne m'avaient pas entendue relater l'accident au téléphone, ont cru que j'avais décidé d'employer les grands moyens pour obtenir gain de cause. En trois quarts d'heure, ils ont rangé la salle de jeu *et* la cuisine. À présent, ils rient de cet épisode. Quand ils ont à faire un travail qui les rebute, ils me lancent: "Dommage que la police ne viennent pas aujourd'hui, maman, nous ferions ça en deux temps, trois mouvements."

«J'en ris avec eux, mais depuis ce jour-là, ils savent qu'ils peuvent accomplir beaucoup de choses en trois quarts d'heure. Si bien que maintenant, lorsque vient le moment de mettre de l'ordre ici ou là, ils ne gémissent plus et ils ne discutent plus ; ils retroussent leurs manches et ils le font.»

■

La procrastination est un sujet sur lequel les gens aiment plaisanter. Bien que ses conséquences puissent parfois être assez graves, il n'y a aucune raison que vous n'en riiez pas avec votre fils ou votre fille, si vous en avez envie. Et si votre enfant rejette l'une après l'autre toutes vos tentatives de l'aider, vous pouvez lui dire : «En tout cas, même si tu ne te décides pas à cesser de remettre tout à plus tard, tu auras au moins appris que je m'intéresse à toi.» C'est toujours un message agréable à entendre, même quand il est lancé sur le ton de la plaisanterie. Combien de fois avez-vous entendu «comme disait ma mère» ou «comme disait mon père»? Eh bien, que penseriez-vous si votre enfant disait un jour à ses enfants : «Comme me disaient mes parents, au moins tu auras appris que je m'intéresse à toi»? Ce ne serait pas mal, n'est-ce pas?

Vous pouvez être fier des efforts que vous avez déployés pour mieux comprendre votre enfant et l'aider à cesser de remettre tout au lendemain. Félicitez-vous et… vous connaissez la suite, bien sûr… *offrez-vous une récompense.*

À vrai dire, je pense que je vais faire la même chose que vous. Heu… je me demande s'il n'y aurait pas du chocolat dans cette maison.

TRAVAIL EN ÉQUIPE

Questions à discuter
• Allez dire à votre enfant que vous l'aimez. Puis serrez-le dans vos bras.

ÉTAPE SUIVANTE

Idées à mettre en application

- Offrez-vous une récompense. Vous la méritez bien.
- Gardez votre sens de l'humour.

TABLE DES MATIÈRES